サービス経済化時代の地域構造

加藤幸治

日本経済評論社

目　次

序　章 …………………………………………………………… 1
　　第1節　本書の課題　1
　　第2節　サービス経済化とサービス業　2
　　第3節　本書の視角と目的　5
　　第4節　本書の構成　6

第1章　サービス経済化の進展とその捉え方 ……………… 9
　　第1節　日本におけるサービス経済化の進展　9
　　第2節　サービス経済化の捉え方　13
　　　1．通説的な捉え方　13
　　　2．新たな通説　14
　　　3．サービス業発展の内的論理の必要性　15
　　第3節　事業所サービス業拡大の内的論理　16
　　　1．コスト・リーダーシップ戦略と情報化　16
　　　2．差別化戦略における外部化　18
　　　3．集中化戦略と事業所サービス業の拡大　21

第2章　日本におけるサービス経済化の進展と
　　　　　その地理的特質 …………………………………… 27
　　第1節　都道府県別にみた首位産業の変化　27
　　第2節　サービス経済化における二極化とその地域的展開　30
　　　1．都道府県別にみたサービス経済化の二極化　30
　　　2．都道府県内における二極化　33

第3節　事業所サービス業の地理的偏在性　34
　　　1．大都市のある都道府県への集中　34
　　　2．人口・事業所数との対比からみた地理的偏在性　35
　　　3．県域スケールにおける地理的偏在性　41
　　　4．大企業本社と事業所サービス業の分布の照応性　44
　　第4節　事業所サービス業の業種別立地形態　46
　　　1．「特化係数」の算出と類型の方法　46
　　　2．類型別にみた業種別の立地形態　47
　　　3．事業所サービス業立地における都市間格差の拡大　49
　　　4．東北地域にみられる都市階層分解　55
　　第5節　事業所サービス業の集中・集積と都市階層分解　56
　　　1．事業所サービス業の集中・集積を契機とする都市階層分解の
　　　　メカニズム　56
　　　2．事業所サービス業と人口・産業の「一極集中」　59

第3章　地方圏におけるサービス業の立地とその実態　65

　　第1節　地方圏におけるサービス経済化の進展　65
　　第2節　地方中心都市におけるサービス業の特徴　70
　　　1．特徴的なサービス業の抽出　70
　　　2．公共サービス業の大きさ　70
　　　3．高い公営事業所比率　72
　　　4．農業・建設業と直結した事業所サービス業　73
　　　　(1)　三次市で特徴的な事業所サービス業　73
　　　　(2)　産業用機械器具賃貸業の実態　75
　　　5．移出型サービス業の欠落　78
　　第3節　公共サービス業の拡大と地域経済循環　80
　　　1．介護ビジネスの拡大による地域経済効果　80
　　　　(1)　需要誘発効果・生産誘発効果　81

(2) 労働解放効果　82
　　(3) リスク・プール効果　83
　2．介護ビジネスの拡大が内包する問題　84
第4節　小括　85

第4章　地方中枢都市における情報サービス業の展開……89

第1節　情報サービス業の拡大と地域的展開　90
　1．1980年代における急成長と東京一極集中　90
　2．ソフトウェア「生産」へのシフト　93
　3．仙台市における情報サービス業の成長と企業間取引の変化　94
第2節　地方中枢都市におけるソフトウェア産業の周辺性　96
　1．事業所の非自立性　98
　2．技術的低位性　101
　　(1) 受託計算への依存　101
　　(2) 受託計算・事務計算ソフトウェア開発のための汎用機　102
　3．取引関係からみた地位　103
　　(1) 下請的地位―東京との関係―　103
　　(2) 質的な補完関係の欠如　106
第3節　1980年代における「周辺性」の強化　110
　1．地方分散と「周辺性」の強化　110
　2．「東京受注型」事業所の開設と下請としての再編　112
第4節　小括　114

第5章　1990年代以降の情報サービス業の地域的動向……119

第1節　1990年以降における情報サービス業の動向　119
第2節　1990年代前半における情報サービス業の縮小　121
　1．「中心」における情報サービス業の停滞・縮小　121
　2．閉鎖事業所の実態　124

3．存続事業所の実態と「周辺性」　125

第3節　1990年代後半における情報サービス業の拡大　128

1．東京における「V字回復」と地方中枢都市における成長格差　128

2．1990年代後半における成長格差の要因　129

第6章　企業グループ戦略の展開と事業所サービス子会社　133

第1節　A社グループの概要と1980年代における日本A社の子会社設立　134

第2節　1990年代の事業再構築とグループ経営　137

1．1990年代前半のリストラと完全子会社の設立　137

2．地域SE会社の設立　140

3．1990年代半ばの回復と子会社の統合　141

第3節　1990年代末以降における子会社・関連会社の再編成　141

第4節　小括　146

第7章　情報サービスの地域的循環　149

第1節　本章の資料と方法　150

第2節　情報サービスの地域的流動　151

1．情報サービス需要の地域的集中　151

2．東北地域における情報サービスの流出　154

3．東北地域からの情報サービスの移出　155

第3節　情報サービス需要の東京一極集中の要因　156

1．情報サービス需要の集中形態　156

2．市場を介した需要の東京一極集中　157

 (1) 企業間格差にもとづく需要の集中　157

 (2) アンバンドリングの未発達とメーカーへの需要の集中　162

3．ユーザー企業内の分業に基づく需要の東京一極集中　163

4．情報サービス企業における本社への所得移転　165
　第4節　小括　166
終　章　事業所サービス業の展開とその影響……………………173

序　章

第1節　本書の課題

　近年の経済構造・社会構造の変化をあらわすキーワードの1つとして「サービス化」をあげる人は少なくない。しかしながら，いうところの「サービス化」とは何か，その本質と意義，さらには「サービス化」の趨勢という点になってくると，議論は論者によって大きく異なってくる。「サービス化」が含意するのが，「工業社会」から「ポスト工業社会」への移行という，文字通りエポックメイキングな変化と密接に関わっている問題であればこそ，その議論が一筋縄ではいかないのはむしろ当然といえよう。

　とはいえ，「サービス化」の現象自体は，サービス関連産業・業種，サービス関連職業の拡大という形で，誰の目にも明らかなところである。こういった現象を「サービス経済化」と呼び，その実態を把握する作業が，それ自身として重要なことはあらためて指摘するまでもない。そして，その作業はすでに多くの論者の手で確実に進められてきたところである。

　ただし，ここに来て求められているのは「サービス経済化」の確認作業にとどまるのではなく，「サービス経済化」という現象がいかにしてもたらされたのかというプロセスの究明であり，いかなる影響をもたらすのかについての具体的な検討であろう。とりわけ，その地理的・地域的展開とその特徴の把握は重要な意味を持つ。なぜならば「サービス経済化」は，いわゆる「東京一極集中」を促進した主たる原因の1つであるばかりでなく，サブ・ナショナルなスケールにおける地方中枢都市（広域中心都市）や県域中心都市への「一極集

中」傾向と密接に関わり，日本における国民経済の地域構造や都市群システムの動向を規定していると考えられるからである[1]。これこそが「サービス経済化」が現在の日本にもたらした，もっとも大きな影響だとさえいえよう。

　求められた課題，すなわち日本の「サービス経済化」プロセスを究明し，その影響を検討していく上で，欠くことができないのが，サービス業なかでも事業所サービス業の動向に注目することである。日本において「サービス経済化」が強く意識されるようになった1970年代後半以降において，もっとも大きく成長したのがサービス業であり，その絶対的・相対的拡大を牽引し，その地理的・空間的な展開に強い影響を及ぼし，規定してきたのが事業所サービス業だからである。

　そこで本書では，この事業所サービス業の動向を中心に据えて，日本経済がどのような「サービス経済化」のプロセスをたどってきたのか，そして「サービス経済化」にともなって日本経済が地理的にどう変容しつつあるのかを具体的に検討することにしたい。

第2節　サービス経済化とサービス業

　ところで，「サービス化」はおろか，「サービス経済化」の規定も論者によってまちまちである。本書では特に断りのない限り，「サービス経済化」をサービス業の絶対的・相対的拡大という意味で用いるものとするが，それでもなお問題は残る。「サービス業」の定義・概念規定も論者によって多様だからである。そこで，議論の混乱を回避する意味から，あらかじめ本書におけるサービス業の捉え方を示しておくことにしよう。以下，第二次大戦後，長い間慣れ親しんできた日本標準産業分類（第10回改訂まで）の区分を念頭に，簡単に説明を加えてみたい。

　産業活動は通常，第一次産業から第三次産業までに区分される。第一次産業は農業・林業・漁業という動植物の採取・栽培に関する産業であり，第二次産業は鉱業・建設業・製造業という鉱工物（無生物）の採取・製作・加工を行う

産業である。第一次産業と第二次産業は産業の性格から主体的に区分されるのに対して、第三次産業はこれらに属さない、それ以外の活動に従事する産業（残余の部門）として定義されてきた[2]。この第三次産業をそのままサービス産業と称する研究もある。

第三次産業の中には卸売・小売業や金融・保険業、さらにはサービス業などが含まれる。本書で単にサービス業という場合は、この産業大分類（第10回改訂まで）におけるサービス業をさしている。

さて第三次産業のうち、卸売・小売業は「有体的商品を購入して販売する事業所」、金融・保険業は「金融業、保険業ならびにこれらに附帯するサービスを提供する事業所」といった主体的な定義がなされてきた。それに対してサービス業は「個人または事業所に対してサービスを提供する他の大分類に分類されない事業所」として分類されてきた。サービス業はここでも「残余の部門」に相当し、主体的定義がなかった。サービス業は、「第一次・第二次産業以外の活動に従事する」第三次産業の中でも、さらに「その他の活動に従事する」産業とされてきた。そのためサービス業には実に様々な業種が「押し込められた」まま拡大してきた[3]。

「残余の部門」として、様々な業種が属していたサービス業の性格から、その研究においては一般に、サービス提供先の分類から、個人サービス業（消費者サービス業）、事業所サービス業（生産者サービス業、ビジネスサービス業）、公共サービス業の3つに分類される。本研究でもこの分類に従い、表序-1のように各サービス業（小分類別）を区分する[4]。こうした3区分は、次のような理由から、サービス業の地理的・地域的な展開をみる上でも不可欠である。

医療、教育、社会福祉などに関わる公共サービス業は、その本来的性格ゆえに、基本的には非営利的な部門である。したがって営利性にもとづいた立地・配置が徹底されるというよりも、「社会性」が重視されることも多い。小学校の配置などは、営利性どころか、その採算性すらままならずとも、児童がいれば立地させねばならぬこともある。その点で、公共サービス業の立地にあたっての基準は、「経済性」で割り切れる個人サービス業、事業所サービス業とは

表序-1　サービス業の分類

個人サービス業	消費関連	洗濯業，洗張・染物業，理容業，美容業，公衆浴場業，特殊浴場業，その他の洗濯・理容・浴場業，家事サービス業（住込みのもの），家事サービス業（住込みでないもの），写真業，衣服裁縫修理業，物品預り業，火葬・墓地管理業，冠婚葬祭業，他に分類されない生活関連サービス業，家具修理業，かじ業，表具業，他に分類されない修理業
	余暇関連	旅館，簡易宿所，下宿業，その他の宿泊所，映画館，劇場，興行場（別掲を除く），興行団，競輪・競馬等の競走場，競輪・競馬等の競技団，スポーツ施設提供業，公園，遊園地，遊技場，その他の娯楽業，自動車賃貸業，スポーツ・娯楽用品賃貸業，その他の物品賃貸業，映画，ビデオ制作・配給業，映画・ビデオサービス業，公共放送業（有線放送業を除く），民間放送業（有線放送業を除く），有線放送業，個人教授所
事業所サービス業		駐車場業，自動車整備業，機械修理業，農林水産業協同組合（他に分類されないもの），事業協同組合（他に分類されないもの）
	オフィスサービス業	各種物品賃貸業，産業用機械器具賃貸業，事務用機械器具賃貸業，ソフトウェア業，情報処理・提供サービス業，ニュース供給業，興信所，広告代理業，その他の広告業，法律事務所，特許事務所，公証人役場，司法書士事務所，公認会計士事務所，税理士事務所，獣医業，土木建築サービス業，デザイン業，著述家・芸術家業，その他の専門サービス業，速記・筆耕・複写業，商品検査業，計量証明業，建物サービス業，民営職業紹介業，警備業，他に分類されない事業サービス業
公共サービス業		一般廃棄物処理業，産業廃棄物処理業，その他の廃棄物処理業，病院，一般診療所，歯科診療所，助産所，療術業，歯科技工所，医療に附帯するサービス業（別掲を除く），その他の医療業，保健所，健康相談施設，検疫所（動物検疫所，植物検疫所を除く），その他の保健衛生，社会保険事業団体，福祉事務所，児童福祉事業，老人福祉事業，精神薄弱・身体障害者福祉事業，更生保護事業，その他の社会保険，社会福祉，小学校，中学校，高等学校，高等教育機関，特殊教育諸学校，幼稚園，専修学校，各種学校，社会教育，その他の教育施設，自然科学研究所，人文・社会科学研究所，神道系宗教，仏教系宗教，キリスト教系宗教，その他の宗教，経済団体，労働団体，学術・文化団体，政治団体，他に分類されない非営利的団体，集会場，と畜場，他に分類されないサービス業，外国公館，その他の外国公務

注：表内の「，」が産業小分類上の区切，「、」は小分類名称中の読点．
　　分類は飯盛（1995）に準じ，1993年（第10回）改訂の日本標準産業分類にもとづいて小分類項目をあげている．

異なる。

　一方，個人サービス業，事業所サービス業は基本的には営利的部門である。ただし，前者は消費者（家計）を，後者は企業を，それぞれ顧客とする。立地にあたっての基準の1つとなるであろう顧客の分布は，前者の場合は「人口」に，後者の場合は「事業所・企業」に，基本的に規定されることになる。このように3つのサービス業は立地にあたっての基準，立地を規定する要因をそれぞれ異にしており，地理的・地域的展開をみる上でもその区分は必須のものなのである。

　3区分されたサービス業はさらにいくつかに区分される。まず個人サービス業については，それぞれの業種の性格から，クリーニングや理容・美容，冠婚葬祭など日常生活に関わる「生活関連」と，旅館や映画館，遊園地などレジャーに関わる「余暇関連」とに区分できる。同様に，事業所サービス業にも様々な業種が含まれており，経済的中枢管理機能の一部を構成するとは認めがたい業種もある。そこで本書では，事業所サービス業のうち経済的中枢管理機能の一部を構成するものと考えられる業種を「オフィスサービス業」と呼ぶこととする。具体的には事業所サービス業（産業小分類27業種）のうち，明らかに性格の異なる5つの業種（自動車整備業，駐車場業，機械修理業，農林水産業協同組合（他に分類されないもの），事業協同組合（他に分類されないもの）を除いた業種群（残りの22業種）を「オフィスサービス業」と呼ぶ[5]。

第3節　本書の視角と目的

　このオフィスサービス業こそが1970年代後半以降における日本経済の「サービス経済化」を先導してきたのであり，その拡大の論理が，近年におけるサービス業の拡大を牽引するとともに，その地理的・地域的な展開に強い影響を及ぼし，規定してきた。

　そうしたオフィスサービス業の成長を促進した決定的な要因は，後に詳述するように，1970年代後半以降における市場環境・競争条件の変化とそれに対応

する企業（主に大企業）の戦略（競争戦略）にある。「高度成長」終焉以降，急速に進んだ日本の「サービス経済化」を説明する上での鍵はこの点にある。また，この点に注目することで「サービス経済化」をもたらした論理，またそれとほぼ同時期に叫ばれるようになった「ソフト化」「情報化」をもたらした論理を，1つの枠組みで理解することも可能になる。

　本書で，事業所サービス業のなかでも情報サービス業の地域的展開を中心に取り上げ，その詳細な分析を試みているのも，こうした理由からである。情報サービス業は1970年後半以降における「サービス経済化」「情報化」の中で重要な役割を担い，それゆえに先導的かつ急速な拡大を果たし，サービス業の拡大を牽引してきた代表的な事業所サービス業である。また，それが事業所サービス業従業者全体に占める割合も高く，後述の通り，東京に集積・集中する産業でありながら地方圏においても顕著な拡大をみた点では特徴的な存在でもあり，その拡大には政策的「期待」も寄せられた。このような情報サービス業の実態，とりわけ大きな拡大・展開をみせた1980年代における実態に迫ることは，以後の動向も含めた事業所サービス業の立地・配置メカニズムや，その地理的・地域的影響を詳らかにしていく上での「導きの糸」となる。

　それゆえ，冒頭でも述べたところを換言するならば，本書の目的は，事業所サービス業，情報サービス業の拡大をもたらす論理とそれに規定された地理的・地域的展開とその影響とを，1970年代後半以降の日本における実態に即して明らかにし，それを通じて，事業所サービス業の立地やその展開と，都市・地域の趨勢との関係を理解するところにある。

第4節　本書の構成

　以上のような目的に対応すべく，本書は大きく二つの部分から構成される。
　前半部の第1章ではまず，日本におけるサービス経済化の展開に関して，その内的論理を明らかにする。続く第2章ではそうした内的論理に規定されたサービス業の地理的・地域的展開とその特徴を跡づける。1970年代後半以降のサ

ービス業の展開は事業所サービス業の成長とその偏在性に特徴付けられ，それが各地域スケールで認められる「一極集中」へとつながってきたメカニズムを整序する。第3章では，地方中小都市においても進んでいったサービス経済化の実態を捉えていく。それは事業所サービス業の立地から「取り残された」状況にあるがゆえに，全国や大都市のサービス経済化とは異なる特徴と性格を持つことを確認する。

　後半部の第4章以降では，事業所サービス業のなかでも情報サービス業を取り上げ，その地域的展開の特徴と影響とを，地方圏なかでも地方中枢都市における当該産業の特質に焦点を当てて明らかにしていく。1980年代に入り，サービス経済化が本格化する中で地方中枢都市においては情報サービス業の急速かつ顕著な拡大がみられた。とはいえ，その内実は量的拡大とは裏腹に積極的な評価を与えがたいものであり，むしろ「周辺性」の強化とその構造化をともなうものであった。こうした，いわば情報サービス業の地域構造とその諸結果について，1980年代における拡大とその後の展開とを跡づけることで，実態に即して詳細に明らかにしていく。

　これらを通じて，日本におけるサービス経済化のプロセスと内実に迫り，それに規定されたサービス経済化の地理的・地域的展開を実証的に把握し，その影響を強く受けた日本の地域構造・都市群システムの動向・再編を動態的に理解していくものとする。

注
1) 本書において，地方圏におけるサービス業・事業所サービス業の展開に対して多くを割いているのは，こうした影響がサブ・ナショナルなスケールで，地方圏においてもっとも深刻になっているためである。
2) 本研究における産業大分類，中分類，小分類の区分は，主として日本標準産業分類第10回改訂（1993年10月改訂）による。2002年における日本標準産業分類の大幅改訂（第11回改訂）にともない，それまでのサービス業から複数の産業大分類が独立した。また2007年の第12回改訂においても産業大分類の改訂が行われている。とはいえ，本書の主たる対象時期，統計資料の関係から，産業分類は第10回改訂を

基準とする。
　　　したがって，後半で取り上げる情報サービス業も，第11回改訂以降では新設大分類「情報通信業」に属するが，ここではサービス業の一部として扱う。
3)　それゆえ「経済活動のソフト化・サービス化などにともなう産業構造の変化に適合させるため」に，日本標準産業分類の第11回改訂がなされたのである（総務省統計局統計基準部，2002）。
4)　具体的な区分方法は飯盛（1995）を参照されたい。飯盛（1995）では，産業連関表での呼称にしたがって「対個人サービス」「対事業所サービス」「公共サービス」としているが，本研究では産業区分として用いる場合には「個人サービス業」「事業所サービス業」「公共サービス業」とする。
5)　業種の性格からいえば獣医業なども除かれるべきではある。とはいえ，1984年における日本標準産業分類の第9回改訂まで，獣医業は「その他の専門サービス業」に含まれ，小分類項目とはなっていなかった。そこで，それ以前と以降の対比と連続性の関係上から，獣医業はオフィスサービス業に含めている。

第1章　サービス経済化の進展とその捉え方

第1節　日本におけるサービス経済化の進展

　他の先進諸国と同様に，日本経済の就業構造は「サービス経済化」が進展してきた。

　1950年代後半，それまで一貫して就業者数最多であった第一次産業が第三次産業に，その地位をゆずったことが，日本の「サービス経済化」における最初の画期である（図1-1）。1955～60年の間に第一次産業の就業者数は1,629万人から1,439万人に減少し，全就業者数に占める割合は41.1%から32.7%へと大きく減少した。一方，第三次産業就業者数は1,405万人（35.5%）から1,684万人（38.2%）に増加した。とはいえ，当期における就業者増加数では，第二次産業（356万人増）が第三次産業（279万人増）を大きく上回っており，「サービス経済化」が強く意識されることはなかった。

　1960年代前半には，産業大分類における最多就業者数も，農業から製造業に取って代わる（図1-2）。1960～65年の間に，農業就業者が228万人（-17.2%）と大幅に減少する中で，製造業では就業者数が215万人増加（+22.5%）した。ただし，その製造業就業者は1970年代前半には，ドルショック，オイルショックを契機に減少へと転じる。それにともない第二次産業の伸びも頭打ちとなる中で，一貫して就業者数の拡大を示していた第三次産業が1975年に51.8%となり，全就業者の半数を超える。この拡大は就業者数も多い「卸売・小売業，飲食店」と「サービス業」の拡大によっていた。ただし，卸売・小売業，飲食店の拡大は1970年代前半から次第に緩やかになり，サービス業の

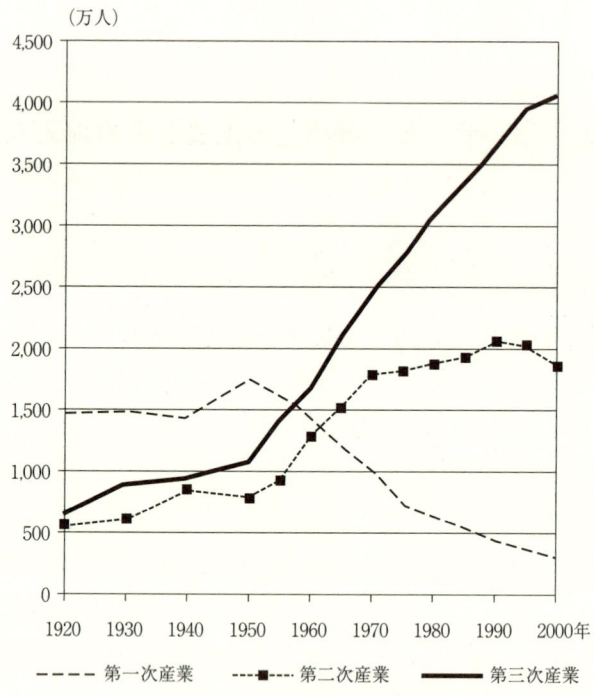

図1-1 第三次産業の拡大

資料：国勢調査

伸び率の方が高くなる。1975～80年にはサービス業就業者数の伸び率が産業別で最大となり，1980年以降はサービス業のみが増加しているといっても過言ではない（福田，1991，p.36）状況になっていく。「サービス経済化」が本格的に叫ばれるようになるのは，まさにこの頃からであった。

さらに1965年から，一貫して産業別就業者数最多であった製造業の就業者数が，1990～95年の間に大きく減少（109万人減）する。これに対して，同期間にサービス業は205万人増加し，製造業を抜いて，産業別就業者数で最多の産業となる。「サービス経済化」の進展といっても，1980年代までは，製造業を就業者最多の産業としながら，第三次産業就業者全般が拡大していたのであり，むしろ「第三次産業化」と呼ぶ方が相応しいものであった[1]。それに対して，

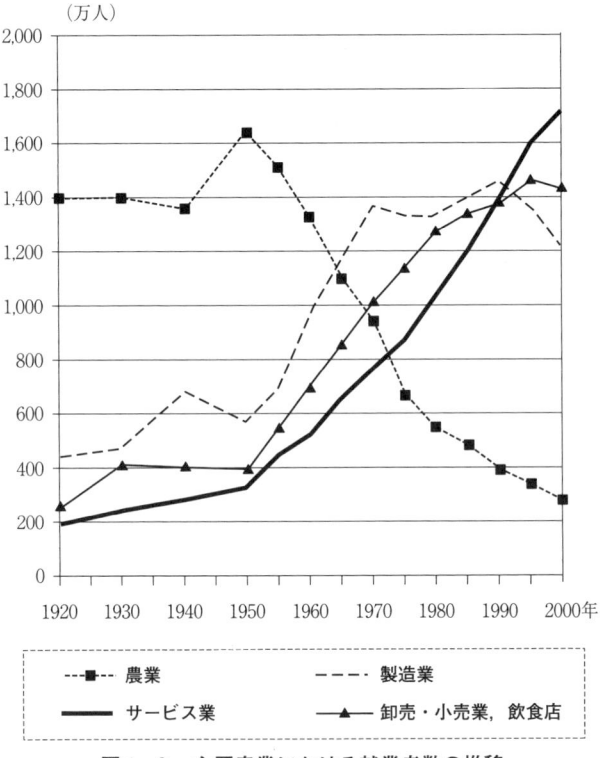

図1-2　主要産業における就業者数の推移

資料：国勢調査

　1990年代におけるサービス経済化は，サービス業そのものが就業者数で最多となる点で，それまでの展開とは異なる特徴を有していた。

　こうした1970年代後半以降のサービス業の拡大においてもっとも大きく成長し，その絶対的・相対的拡大を牽引したのが事業所サービス業であった。1975～2001年の間にサービス業就業者数が，2.1倍になったのに対して，事業所サービス業は2.7倍，オフィスサービス業では4倍近くにもなった（図1-3）。事業所サービス業以外に，サービス業全体よりも大きな伸びを示した業種はなく，サービス業内における拡大には部門間での不均衡が認められる。いずれにしろ1970年代後半以降のサービス業の拡大は，事業所サービス業による

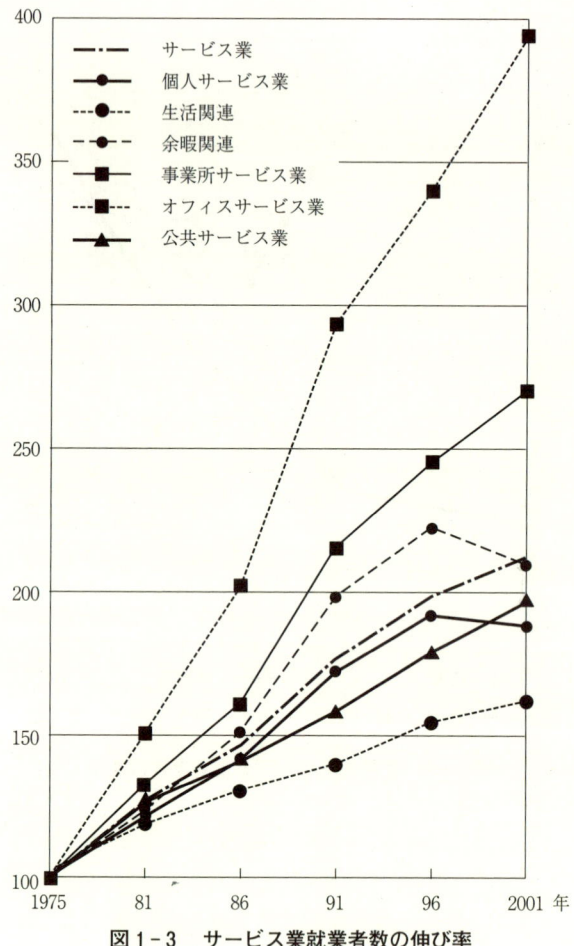

図1-3　サービス業就業者数の伸び率

注：1975年を100とした指数。
資料：事業所・企業統計調査

ところが大きかったのである。

第2節　サービス経済化の捉え方

1．通説的な捉え方

　日本でみられた，こうした第三次産業就業者の絶対的・相対的拡大は，国民経済の発展にともない各国でみられる現象（ペティ・クラークの法則）としてよく知られている。ペティ・クラークの法則はペティの『政治算術』（1955；原著は1690）にまで遡り，その理論化はクラーク（1954・1955；原著は1940）によってなされた。

　クラーク（1954・1955）は，ペティの「発見」を各国のデータから統計的に実証するために，産業を第一次産業から第三次産業までの3つに分類し，経済発展とともに産業部門の比重が第一次産業から第二次産業へ，さらに第三次産業へと移っていくという経験則を示し，その原因は所得増加によるサービス需要（サービス業への需要）の増大にあるとした。換言すれば，サービス需要が他に比べて高い需要の所得弾力性を持っており，そのため経済発展による所得上昇がサービス需要の増大につながり，ひいてはサービス業就業者の拡大を惹起すると考えた。

　サービス業の拡大をサービス需要の高い所得弾力性に求める考え方に対し，サービス業の生産性，とりわけ，その上昇率の低さを強調するのがクズネッツ（1968）やフュックス（1974）である。クズネッツ（1968）は，たとえサービス需要が拡大しても，サービス業（サービス部門）の労働生産性がそれ以上に上昇していれば，サービス業労働者の占める割合もそれほど大きいものにはならなかったであろうとして，それを各国のデータから実証した。フュックス（1974）も，サービス雇用の急激な拡大の要因として3つの仮説（①サービスに対する最終需要の急激な成長，②サービスに対する中間需要の相対的増大，③サービス業の1人当たり産出高の比較的緩慢な成長）をあげて，それぞれを検討した上で，「1人当たり産出高がサービス部門においては他の部門に比べ

ずっと緩慢にしか成長しなかったこと」(フュックス，1974，p.26)がサービス部門での雇用拡大の主要な要因であるとした。両者ともサービス部門の生産性，とりわけ，その上昇率が他部門に比べて低かったことを，サービス部門が拡大した要因であるとしている。

　これらの理論は拡大するサービスを目の当たりにして，その要因を明らかにした先駆的研究であり，現在，これらの考え方は広く支持されている。もとよりサービス経済化の要因を「サービス需要の高い所得弾力性」に求める前者の考え方と，サービス業の「生産性上昇率の低さ」に求める後者の考え方は，指摘する主要因こそ違え二律背反の関係にあるものではない。このことからサービス経済化はこれら2つの要因の相乗によって進展したと説明されることも少なくない。

　とはいえ，もし需要の所得弾力性や比較生産性こそが重要であるならば，サービス経済の分析においては，サービス業に焦点を当てるよりも，むしろ経済の成長性と所得弾力性の変化，各産業の生産性上昇率の動きを捉えるべきだということになってしまう。経済の成長性や生産性上昇率の動向などを勘案しながらも，サービス業の内的な発展論理を解明することがサービス経済化の本質を捉える上では重要である。

2．新たな通説

　最後の点との関わり，つまりサービス業発展の内的論理を解明する上では，近年のサービス経済化が事業所サービス業の拡大によって促進されてきた点に着目することが重要である。サービス経済化は，就業構造の第三次産業化などという結果の後追い的な説明で解ききれる現象ではなく，事業所サービスの拡大それ自体を推進し牽引した企業の行動によってもたらされたものと考えられるからである。

　こうした捉え方にまず大きな示唆を与えたのが，ガーシュニィ・マイルズ(1987)である。ガーシュニィ・マイルズ(1987)は，第三次産業における「生産者サービス」の急速な成長に着目した。ここでの「生産者サービス」は，

「流通サービス」(運輸，通信，卸売・小売)，「社会的サービス」(医療，教育，福祉など)，「個人的サービス」(洗濯，利用・美容，飲食，娯楽・レクリエーションなど)とともに第三次産業を構成するもので，金融・保険，デザイン・マネジメント・法律的なサービスなどを提供するサービス業である。その急速な拡張が第三次産業の顕著な成長をもたらしたとする。

矢田 (1988a) は，これを踏まえつつ，サービス業の拡大の根拠をサービス需要の高い所得弾力性とサービス業の比較生産性の低さに求めた場合，サービス業内における部門間の発展のアンバランスを十分説明できない，なかでも事業所サービス業の著しい伸びについては所得弾力性とは異なる説明原理が必要であるとして，次の2つの要因を指摘した。

第一には，企業間競争の非価格競争（製品差別化競争）への移行にともなう情報・調査，研究・開発，デザインなどの機能の役割増大，さらには販売競争における広告・宣伝，マスコミ部門への需要増大である。第二には，ME（Micro Electronics）化にともなう生産管理，流通・事務に関わるソフトウェア需要などの増大である。これら2つの拡大はまず企業内の「ホワイトカラー」層の伸張などの形で企業内の「サービス化」として先行し，その一部の機能が自立化・産業化することによって社会的分業が深まり，生産連関サービス部門を軸とする産業レベルでの「サービス化」が進行した，と矢田は考えた。

非価格競争下における R&D（Research & Development：研究・開発）部門や広告・宣伝部門の拡大（いわゆる「ソフト化」），および ME 化への対応（いわゆる「情報化」）が企業のサービス需要を拡大し，その一部が自立化・産業化（すなわち「外部化」）することによって事業所サービス業の拡大がもたらされたとする矢田の示唆は，近年におけるサービス経済化の捉え方としては，いわば「新たな通説」となっているといっても過言ではない[2]。

3．サービス業発展の内的論理の必要性

ソフト化・情報化が事業所サービス業拡大の要因であることは間違いなかろう。ただし，「新たな通説」では非価格競争の激化と ME 化が所与の条件とさ

れ，ソフト化・情報化は市場環境変化や技術革新の帰結として「外来的」にもたらされたものとされてしまうことが多い。

しかるに，ほぼ同時期に生じたそれらの変化は偶然もたらされたものではない。いずれも日本においてはドルショック，オイルショックによって招来された「高度成長」の終焉にともなう市場環境・競争条件の劇的な変化，世界的にも「資本主義の黄金期」の終わりとして知られる一大転換によってもたらされた変化への対応であったと考えられる[3]。企業，なかでも「高度成長」期において重要な役割を果たした製造業企業は，そうした状況変化への対応をソフト化・情報化によって達成しようとしたのである。

その点でソフト化・情報化は，市場環境・競争条件の変化とそれに対応する企業の競争戦略から創出されたものと理解できる。こう捉えることによってソフト化・情報化，サービス経済化というほぼ同時期にみられるようになった変化を，市場環境・競争条件の変化とそれに対する企業の戦略・行動という企業論的な枠組みの中で把握し，動態的に捉えることが可能となる。これがサービス業の内的発展論理を1つの枠組みで理解することにつながる。

このような捉え方への論理的な橋渡しとなるのが競争戦略論である[4]。以下では，競争戦略論を手掛かりに，事業所サービス業拡大の内的論理とその過程を日本経済の動向に即して整序してみよう。

第3節　事業所サービス業拡大の内的論理

1．コスト・リーダーシップ戦略と情報化

企業は現代の経済社会において，もっとも重要な経済的機能を果たしている経済主体であり（青木・伊丹，1985），明示的・暗示的の別はあるにしても，例外なく競争戦略を構築して，個々の市場環境に対応している（ポーター，1995）。

企業の競争戦略には，「コスト・リーダーシップ」「差別化」「集中化」の3

つの基本戦略がある（ポーター，1995）。3つの基本戦略の中で先行するのはコスト・リーダーシップ戦略である。価格競争への対応がまさにコスト・リーダーシップ戦略そのものだからである。

　価格競争においては，製造業企業の場合，まず直接部門である製造コストの削減が企図され，様々な側面において実行される。それは大量生産による原材料費・燃料費の削減をはじめ，機械化・自動化の推進による生産効率の向上，労働費の削減，さらには外注・下請利用など広範に及ぶ。やや抽象的に，しかも単純化していえば，企業の地理的な集中・集積やその反対の分散化といった立地（選定）行動そのものも，コスト・リーダーシップ戦略にもとづく行動と解釈できる。こうした行動は産業集積を促進する一方で，企業内地域間分業，国際分業として展開される。これらを通じて製造コストの削減が実行されてきた[5]。

　製造コスト削減のみが単独で実行に移されるとき，管理コストをはじめとする間接費（以下，管理コスト）は減少しないか，場合によっては拡大する。少なくともコスト全体に占める割合は拡大することになる。たとえば本社・工場間の地域間分業は製造コストの削減には大きく寄与することになる一方で，本社・工場間で製品や情報の交換が新たに生じ，これに関わる輸送費・通信費，さらには情報のキャリアーである人の移動にともなう交通費，移動時間にともなう機会費用などのコストを上昇させる[6]。

　管理コストの絶対的・相対的拡大は，競争条件がある段階に達すると，コスト・リーダーシップ戦略にとって無視できなくなり，その削減が要請されることになる。管理コスト削減の上で，また直接費の削減の上でも，重要な手段とされたのが「情報化」であった。情報化はそれ自体が目的だったのではなく，コスト削減の要請に対処するための手段にほかならなかった。このことは，日本における企業の情報化が，第一次オイルショック（1973年）への対応の中で，いわゆる固定費圧縮を目標とした「減量経営」の展開において進展したことからも認められる（半田，1996）。

　企業の情報化はまず製造過程において進展していった。製造過程の情報化

（いわゆる FA（Factory Automation）化）[7]は，生産工程における自動化・省力化，操作性向上による生産性向上の徹底化のほかに，IC（Integrated Circuits：集積回路）の高度集積化に裏付けられた部品点数と工程数の大幅な削減による生産性向上・省資源化などの形で進展した。ここでの主役は半導体技術であり，その急速かつ長足の進歩は，小型化・低コスト化によって情報技術の発展に寄与するだけでなく，それ自体を一大産業として成立させ，様々な産業に多様で，かつ多大なインパクトを与えた（半田，1996, p.264）。

これと対比すれば，事務や管理の情報化はやや遅れて推進された。事務・管理業務は，扱う範囲も広い上に，定型化が困難なことも多かったので，情報化による合理化には大きな限界があったからである（北村，2003, p.141）。ただし，製造過程の情報化によって培われた半導体技術を中心とした情報技術の発達は，遅れていた事務処理や情報処理の効率を高めることに寄与した。事務の省力化やコスト削減，さらに事務環境の質的向上が図られるとともに，組織内・組織間の情報伝達の高速化が実現し，企業や行政組織における OA（Office Automation）化が大きく進展した（半田，1996, p.266）。かくして企業の情報化は，それまで困難とされてきた事務・管理部門の人員やコスト削減に大きく寄与するに至る。

しかし一方で，企業内における情報機器・システムおよび関連ソフトウェアへの投資，情報部門の設立とその拡大は，新たなコストの増大にも結び付いていた。情報化によって拡大するコストを，さらなる情報化によって縮小・吸収するという「矛盾」が生じることになり，そのコスト削減は別の方法に委ねざるを得なかった。

情報部門の「外部化」こそが，ここでの困難を回避する1つの「解決策」であった。「解決策」としての外部化は，次項でみるもう1つの企業戦略（差別化戦略）とも相乗することで，本格的に展開されることになる。

2．差別化戦略における外部化

非価格競争の局面が拡大するにともなって登場してくるのが差別化戦略であ

る。日本の場合,「高度成長」の終焉とともに非価格競争の局面が拡大・一般化し,競争の「主戦場」はコスト競争から差別化競争へと移行した。

差別化戦略は「自社の製品やサービスを差別化して業界の中でも特異だとみられる何かを創造する」(ポーター,1995, p.59) ことである。1970年代後半からの,いわゆる消費の個性化・多様化,あるいは市場のセグメント化の進行が差別化戦略の重要性を高めた[8]。

差別化戦略を実現するためには,R&D 機能の拡充やいわゆる「アフターサービス」に関わる部門の充実などが重要となる。製品機能の高度化や製品差別化では,技術開発や設計などハード面における R&D がまず不可欠であるとともに,デザインや広告などのソフト面における差別化が図られる。顧客の求めるものを探る調査・マーケティングも導入される。価格的・機能的に優れたものが必ずしも販売を伸ばすとは限らないため[9],アフターサービスの充実も製品差別化にとって看過できない。同種の機能やデザインを持つ機器の選択にあたっての評価対象となるからである。このように差別化戦略においては R&D だけでなく,設計,デザイン,広告,アフターサービスなどの部門が重視される[10]。

これら差別化戦略の中軸を担う部門も,コストという制限を受ける。差別化競争の下で,優れた機能やデザインを持った商品であったとしても,それがあまりにも高価であれば販売を伸ばせないことも多い。当然,これら部門にも,その機能・質を落とさずにコストを削減することが要請されることとなる。情報化はこの局面でも効果を上げる。研究やデザイン,マーケティングなどにおける情報処理やコンピュータの利用が効率化につながるからである。

とはいえ,これらの部門での情報化の効果は,製造コストや一般的な管理コストの削減効果に比べれば小さい。R&D 機能は製品の「ソフト」部分を担う部門であり,知識集約的あるいは人材集約的・人材依存的な側面が強いからである。またアフターサービス部門なども個別対応の活動が必要である。いずれも「人手のかかる」,労働集約的部門である[11]。したがって,これら部門では,もっとも比重の高い人件費の削減がなされることがより重要であり,その実現

が課題となる。

　情報化によって拡大した情報部門，差別化戦略の中で拡大したR&D機能やアフターサービス部門，それぞれの機能・質を維持しながら，コストを削減する上で選択されたのが，これら部門の「外部化」であった。これが事業所サービス業の拡大を惹起した最大の要因となった。

　というのも，情報サービスやデザインなどを企業外部の専門的企業に任せれば，専門性・技術水準を維持しつつ，専門的企業においては規模の経済が獲得可能なことから，一般に同じサービスをより安価に入手することができる。さらに大企業などの場合，単にこれまで内部調達していたものを「外部化」（＝「外注化」）してコスト削減を図るだけでなく，それまで企業内の一部門であった機能を「外部化」（＝「スピンオフ」[12]）することによって人員削減を図り，人件費という固定費の最大部分を圧縮することを同時に実現した。差別化戦略にとって重要な部門でありながら，労働集約的部門であるがゆえにコスト上昇を招いていた情報部門やR&D機能，アフターサービス部門に関して，それを高品質・高レベルで維持することとコスト削減とを相反させずに達成すること，すなわち競争戦略のうちコスト・リーダーシップ戦略と差別化戦略をトレードオフとはせず，同時に達成することが，外部化によって可能だったのである[13]。これら以外の分野でも間接費の削減を意図して定常業務（清掃，警備など）が外部化され，これも事業所サービス業の拡大につながった[14]。

　まさに，強化・充実しつつある間接部門の不足を補うため，また身軽さを求めて削り取るべき間接部門を代替させるためという二重の意味で，サービス部門の社会的分業化が必要とされ，それを通じてサービス経済化が推し進められていった（福田，1991，p.48）のであった。

　このようにコスト削減と差別化競争における優位を同時に求めた企業戦略によって，ソフト化・情報化を担う部門を中心とした機能の「外部化」が行われ，それが事業所サービス業を拡大させた。つまり事業所サービス業の拡大，ひいてはサービス経済化は，1970年代後半以降の「高度成長」の終焉にともなう市場環境の変化とそれに対応した企業の行動によってもたらされた動きにほかな

らないのである。

3．集中化戦略と事業所サービス業の拡大

1970年代後半以降における「外部化」を契機とする事業所サービス業の拡大は，さらに別の理由からも後押しされることになる。大企業を中心として1980年代に積極的に展開された経営多角化戦略がそれである。集中化戦略に先立って，まずこれを簡単に跡付けておく。

この戦略は，成長が著しい分野への進出を図り，経営を多角化することによって企業の安定的な成長を獲得しようとするものであった。「高度成長」の終焉にともない，本業での急成長が望めなくなった製造業，特に大企業を中心に，成長する関連分野への進出がみられた[15]。

サービス経済化との関連では，経営多角化戦略の一環として，子会社の設立（つまり外部化）が促進された。サービス業には成長業種が多数存在したことから，多くのサービス業子会社が設立された[16]。ここでの外部化はコスト削減だけを目的とするのではなく，成長分野への進出によって子会社が利益を上げれば，コストセンターのプロフィットセンター化という効果も望めることが同時に目的となっており，コスト削減と経営多角化を同時に達成することから実践された。このように経営多角化もコスト削減策との関連を持ちつつ，外部化を推進した。

しかし，1980年代に積極的に展開された経営多角化は，1990年代に入って，バブル崩壊とともに急速に後退し，「本業回帰」「選択と集中」への動きが強まる。子会社設立による経営多角化戦略が多くの場合，企業グループの収益を増加させなかったことが最大の原因であった（飯盛，1995）。とはいえ，それは全く別の形でますます外部化を促進することになる。アウトソーシング（outsourcing）と呼ばれる外部化がそれである。

1990年代に入って，特に日本においてはバブル崩壊以降の「90年代不況（平成不況）」下において進められた企業の「選択と集中」戦略と，それとも関連する間接部門への一層のコストダウン圧力が，その外部化をさらに推し進めた。

企業の「選択と集中」戦略は，ポーター（1995）の集中化戦略の1つの具体化であり，企業の持続的な競争優位の源となるコア・コンピタンス（Core Competence）を明確にして，自社の得意分野に経営資源を集中投資して競争優位を確保し，それ以外の部分については徹底的な削減や分離を図る戦略である。

　バブル崩壊後，「過剰」人員，「過剰」設備，そして不良債権に悩まされていた日本企業にとって，「選択と集中」戦略は上述の一般的な意義を越えて，生き残りのために，いわば不可避の戦略であった。これによって経営における透明性と効率性を確保し，外部からの資金調達を容易にしなければならなかったからである。バブル崩壊の中で金融機関の弱体化した日本において，間接金融から直接金融への転換が急務の課題であったことがその背景にある。1980年代の経営多角化によって，多くの不採算部門を抱えている企業や，経営効率を悪化させている企業では，「過剰」な人員と設備を一緒に処理するために，自社の得意分野への絞り込みが行われた。それゆえ多くの大企業にとって「選択と集中」が生き残りの上で共通の戦略となった。

　企業の「選択と集中」戦略の徹底化は，これまでの外部化にもとづく事業所サービス業の拡大を一層促進するだけでなく，1990年代後半以降はそれまでは考えられなかった本社機能の一部さえも外部化させることになった。福利厚生や研修といった業務から，企業の根幹に関わる財務や人事といった機能までもが，一部の企業では外部化されるようになり，事業所サービス業の拡大が一層，広範に進んでいる。

　以上のように，1970年代後半以降，企業を取り巻く市場環境・競争条件の変化とそれに対応する企業（大企業）の戦略（競争戦略）・行動こそが，ソフト化・情報化を惹起するとともに，関連部門・その他機能の「外部化」を通じて，事業所サービス業の拡大を促進し，ひいてはサービス経済化の進展をもたらした。その点でソフト化・情報化やそれとともに進展したサービス経済化は，技術進歩・技術革新によって外来的にもたらされたのではなく，企業の競争への対応・行動が引き起こした変化と捉えられるものなのである。

こうした性格が，必然的にサービス業・事業所サービス業の地理的・地域的展開にも大きな影響を与えることになる。

注
1) こうした用語の整理については長田（1991）に詳しい。
2) サービスの「外部化」が事業所サービス業の動向を大きく左右する要因であることは Marshall（1988），Marshall（1989a）でも指摘されている。飯盛（1990）も，事業所サービス業の拡大要因の1つとしてサービス業務の外注化による市場拡大をあげている。
3) これはレギュラシオン理論でいえば，「フォーディズム」型発展様式からその危機への転化であり，大量生産・大量消費体制に特徴付けられる内包的蓄積体制とその維持を可能にした独占的調整様式の瓦解である。
4) 競争戦略論はポーター（Porter, M.）が提起した理論である。その主張する内容については若干の変化もみられるが，以下では原著においては初期の研究にあたるポーター（1995；原著は1980）に依拠して論理を進める。なお，ポーターの理論とその経済地理学的含意については，加藤（2000）が詳しく，本研究においてもそれを参考にしている。
5) 近年の産業集積に関する研究では，集積によるコスト削減効果よりも，市場変化への適応能力やイノベーションの創造能力の向上が注目されている。こうした能力の向上をめぐる問題は次の「差別化戦略」に関わる論点でもある。近年の産業集積研究に関する詳しい議論については，松原（1999），友澤（2002），藤川（2002）などを参照されたい。
6) 後者については柳井編著（2004）に詳しい。
7) NC（Numerical Control：数値制御）装置付き機械の自動化から始まり，工程間の部分的ではあるが連続的な自動化（MC：Machining Center），組立工程ではロボット化，さらには連続した工程の自動化（FMS：Flexible Manufacturing System）へとシステム化が進んだ（岡本，1996，p.140）。これらは製造過程の省力化と合理化を目的としているものの，同時に，多品種生産に対応できるフレキシブルなシステムでもあった（岡本，1996，p.140）。こうした生産システムの実現が，1970年代後半から1980年代半ばにかけての，いわゆる消費の個性化や多様化ないし市場のセグメント化に対応し得る生産システムの態勢整備でもあった（半田，1996）。
8) 上述の通り情報技術の普及によって，その時点ですでに個性化・多様化・市場のセグメント化に対応するための生産システムは着々と整備されてきていたという条件も差別化戦略の比重を高めることにつながったといえよう。

9) デファクトスタンダード（de facto standard：業界標準）の議論にみられるように，価格的・機能的に劣っていても業界標準さえ獲得すれば販売を伸ばす製品になることが多い。
10) これら部門の拡充は，音響・映像機器メーカーなどにとっては「死活問題」とさえいえるものである（末吉，1999，p.60）。
11) 設計，デザイン，広告，アフターサービスなどの部門は，近年では「スマイルカーブ」の両端に当たる部門として知られている。スマイルカーブとは，製造業やサプライチェーン全体における川上から川下までの工程の流れと付加価値の関係をみると，付加価値は川上（研究開発，試作品開発）と川下（販売，アフターサービス）で高く，それとは対照的に中流に当たる部品製造，組立などでは低いことが一般化しており，それを図でみると下に凸の弧が描かれる様子を表したものである。これが笑った顔の口元に似ていることから，そのように呼ばれる。

　このように設計・デザインや販売・アフターサービスなどが高付加価値部門として注目されているのは，裏を返せば，現在の情報技術などの（今や汎用化した）技術では，中流にあたる製造部門のコスト削減には限界があること，逆に労働集約的な部門とならざるを得ない両端の部門において「儲けどころ」が残余しており，それが高付加価値，ひいては高収益につながるが故に注目されているのだともいえる。
12) 経営学用語によれば，「スピンオフ」は，ある企業が社内の一部門を切り離し，一企業として分離独立させることを指す。それに対して，「スピンアウト」は，スピンオフと同様，ある企業が社内の一部門を切り離し，企業として分離独立させることを指しているが，分離元の企業と関係が完全に切れてしまう場合に使用することが多い。本研究では，特に断りのない限りは両者を区別せず，単に「スピンオフ」とする。
13) 外部化によって2つの競争戦略を同時に達成している様子は，次のような実際の企業における外注化の動機と目的からも看て取れる。

　事業所サービス外注化の要因には経済的理由，技術的理由，労務管理的理由がある（飯盛，1990）。ただし，実際の外注化は，これら理由の1つだけによるというよりも，「技術的に高度なサービスを内部化しようとするとコスト高になりすぎるので外注化する」といったむしろ2つ以上の理由が並存していることが多い。企業からの情報サービス（コンピュータ関連業務）に関する外部化の経緯を考えれば，それは容易に理解できる。

　コンピュータに関する専門的知識を有する労働者を新たに雇用するか，育成すれば，技術的に高次な情報サービスを内部から調達することはできる。この場合，専門的技術者の雇用や育成に関するコスト増加は避けられず，コスト削減と高度技術の享受とはトレードオフの関係になってしまう。しかも情報システムなどの構築の

場合，一時的に専門的技術者が必要であっても，一度システム構築が完了すれば，専門的技術者が必要な業務は極端に減少する場合が多く，専門的技術者の雇用は継続的な固定費の増加へとつながる。外注化という選択はこうした事態を避けるためにはきわめて有効であり，それは経済的理由と技術的理由の両方を同時に達成することになる。外部化がコスト・リーダーシップ戦略と差別化戦略を同時に達成するための手段となっているといえよう。さらには一般労働者と専門的技術者とは区分した方が効率的であるといった労務管理的理由も加わって，外部化が選択されることも少なくない。こうした企業の行動が情報サービス業の拡大を惹起したのである。

14) このようにして拡大していった事例として経営コンサルティングサービス業をあげることができる。経営コンサルティングサービス業は日本に限らず，先進諸国で1980年代後半以降，急速に発展してきた。発展の契機となったのは，1970年代後半以降のアメリカ合衆国において，製造業を中心に日本企業との競争の中で競争力を失っていた多くの企業に，経営コンサルティングサービス業が利用されるようになったことであった（土井，2001）。その他の先進国でも，国ごとに時期的なズレはあるものの，競争の激化の中で，経営コンサルティングサービス業の発展がみられた。コスト競争や差別化競争の中で，それに「打ち勝つ」ノウハウを外部から導入（外部化）して競争に対応しようとした企業が多かったからこそ，当該産業の拡大がみられたといえよう。

15) 経営多角化戦略によるサービス業への異業種からの参入の実態を分析した飯盛（1992）は，東洋経済新報社の『日本の企業グループ』（1992年版）をもとにして，親会社の業種別子会社数，設立時期別の子会社数から1991年までの経営多角化の状況を明らかにした。飯盛（1992）によると，1980年代における子会社設立目的は「新事業・新分野への進出」と並んで「グループ経営力の強化」がもっとも多く，成長分野への参入によって企業グループの経営を強化する戦略が1980年代以降広がっているとしている。

こうした傾向は先進資本主義国に共通する。アメリカ合衆国における企業のコングロマリット化の動きなどがそれにあたる。

16) 飯盛（1992）では，人材派遣・代行業や余暇関連業種（ゴルフ場，スポーツ施設，旅行業など）においては1970年代後半以降に設立された子会社が多く，情報サービス，企画調査研究，コンサルタントなどを担う事業所サービス業子会社の設立は1980年代以降に多く，いずれも1980年代後半に急激に増加したことが紹介されている。

前者については，1986年の「労働者派遣法」（労働者派遣事業の適正な運営の確保及び派遣労働者の就業条件の整備に関する法律）の施行，1987年の「リゾート法」（総合保養地域整備法）の施行という制度的な背景があることを指摘し，後者

については，「合理化を目的とした子会社設立よりもむしろ経営多角化戦略としての攻めのタイプでの子会社設立が増加している」（飯盛，1992，p.123）としている。

第2章 日本におけるサービス経済化の進展とその地理的特質

第1節 都道府県別にみた首位産業の変化

表2-1は1960年以降における就業者数が第1位の産業（以下，首位産業と略）別の都道府県数である[1]。全体的な推移をみると，ペティ・クラークの法則に従った首位産業の推移が認められる。1960年代では農業が，1970，1980年代では製造業が首位産業である都道府県がもっとも多い。サービス業が首位産業である都道府県が最多となるのは，1990年代後半になってからである。

年次別に細かくみると，日本全体の首位産業が農業から製造業へと代わった1965年においても，農業が首位産業である道県が34ともっとも多く，製造業の

表2-1 就業者数第1位産業別都道府県数

	農業	製造業	卸売・小売業	サービス業
1960年	40	6		
1965年	34	12		
1970年	24	20	2	
1975年	15	25	7	
1980年	8	28	11	
1985年	3	28	13	3
1990年		26	3	18
1995年		17	2	28
2000年		9		38

注：1970年までは沖縄を除く。
資料：国勢調査

12都府県を圧倒していた。製造業が首位産業である都道府県の数が，農業の都道府県数を上回るのは，ようやく1975年になってからである。1965～1970年時点までの製造業の拡大は地域的に限定されたものであって，特定地域への集積が顕著であったことが看取される。実際，1965年において製造業が首位産業の12都府県はいずれも太平洋ベルトに位置していた（図2-1）[2]。

　製造業が全国で首位産業となった1975年においても，製造業を首位産業とする都府県は関東，中部，近畿，山陽の太平洋ベルトとその周辺の25都府県である。これに対して，青森，岩手，秋田，山形，福島，茨城，徳島，高知，鳥取，島根，佐賀，熊本，大分，宮崎，鹿児島の15県では農業が依然，首位産業であった。「太平洋ベルト対非太平洋ベルト」といわれた構図が見て取れる。

　「非太平洋ベルト」の北東北や中・南九州では，その後も製造業が首位産業になることはなく，首位産業は農業から第三次産業（卸売・小売業，サービス業）へと一気に取って代わる。なかでも，島根，熊本の両県では，いち早く1985年に首位産業が農業からサービス業になる。この2県に加えて沖縄でまずサービス業が首位産業となった。都道府県別にみたサービス経済化は，日本の場合，地方圏とりわけ国土縁辺部に位置する諸県（以下，国土周縁部とする）から始まったのである。この時点における国土周縁部のサービス経済化は，製造業の雇用に代わって第三次産業のそれが伸びたというよりも，むしろ製造業の発展が弱く，それ以外にも雇用吸収力のある特定の産業が存在しなかったがゆえに進んだと考えられる[3]。製造業の地域的展開との関係からみれば，いわばネガティブなサービス経済化であったといえよう[4]。

　1990年には東京，千葉，神奈川においてサービス業が首位産業となり，いわば本格的（ポジティブ）なサービス経済化とみられる動きが現れる。その一方，国土周縁部でもサービス業を首位産業とする県が拡大して，ネガティブなサービス経済化の傾向はさらに顕著となる。大都市圏に着目すると，この時点では和歌山を除く近畿ではサービス業が首位産業の府県はなく，東京圏と対照を成している。したがってサービス業を首位産業とする都道府県は，東京圏と地方圏（とりわけ国土周縁部）で拡大するという，いわば「二極化」した地域的展

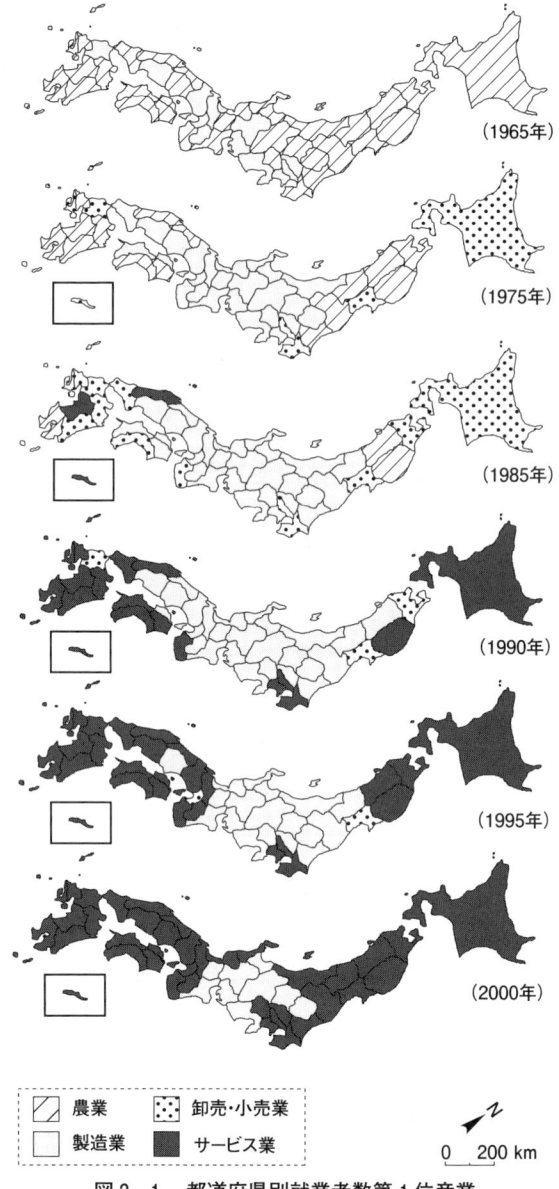

第2章 日本におけるサービス経済化の進展とその地理的特質　29

図2-1　都道府県別就業者数第1位産業

凡例：農業／製造業／卸売・小売業／サービス業

資料：国勢調査

開の様相がみられるようになる。

　1995年にはサービス業を首位産業とする都道府県が28と最多となる。サービス業を首位産業とする都道府県の確実な拡大がみられる一方で，サービス業を首位産業とする地帯と製造業を首位産業とする地帯とは，それぞれ明瞭に分かれる。サービス業が首位産業である東京圏を，南東北，北関東，北陸，中部などの製造業を首位産業とする各県が取り巻き，さらにその外縁にサービス業を首位産業とする地帯がある，いわば3層の同心円になっている。東京圏と地方圏のなかでも国土周縁部とにおいてサービス経済化が進行する二極化の特徴がより明瞭に認められる（図2-1）。

　2000年にはサービス業が38都道府県で首位産業となっており，サービス経済化の一層の進展が確認できる。サービス業が首位産業でないのは，北関東から中部地方に位置する栃木，群馬，富山，長野，岐阜，静岡，愛知，三重，滋賀の9県で，いずれも製造業を首位産業とする。これらの県における製造業の比重の大きさが見て取れる。

　以上のように都道府県別の首位産業の変化は，それを単に数の上でみれば，全国的な首位産業の推移とほぼ一致し，全国的にサービス経済化が進展していることを裏付けている。とはいえ，その地域的展開をみると，サービス経済化が東京圏と，地方圏の中でも国土周縁部とから進展してきたことが確認できる。東京圏では1990年前後から本格的なサービス経済化が進み，いわばポジティブなサービス経済化がみられたのに対して，地方圏とりわけ国土周縁部に位置する諸県では製造業を中心とする他産業との関係においてサービス業が相対的に拡大する，いわばネガティブなサービス経済化がみられたのであった。

第2節　サービス経済化における二極化とその地域的展開

1．都道府県別にみたサービス経済化の二極化

　サービス経済化は，前節でみたように，東京圏と地方圏とりわけ国土周縁部

第2章　日本におけるサービス経済化の進展とその地理的特質　31

という全く対照的な地域から進展してきた。それは既述の通り，製造業の集積の相違によるところが大きい。しかし，それだけによるわけではない。サービス業の内部にまで立ち入ってみれば，それぞれの地域において比重の大きい業種は異なっており，同じサービス経済化といっても，かなり性格を異にする動向が観察できる。しかもそれは前節でみたポジティブなサービス経済化とネガティブなサービス経済化と同様，地域的に二極化する形で進展している。それを惹起しているものこそ事業所サービス業の動向である。

　図2-2は，全国的にサービス業が首位産業となった1996年における各都道府県のサービス業の従業者構成を，類型化して示したものである。事業所サービス業の割合が全国平均（30.2%）よりも高い（すなわち，立地係数が1以上になる）のは5都府県のみであり，個人サービス業でも全国平均を超える宮城を除けば，事業所サービス業に特化するのは大都市部の4都府県（東京，神奈川，愛知，大阪）のみである。個人サービス業で全国平均（26.8%）を上回るのは，宮城，群馬，千葉，長野，静岡の5県であり，宮城を除けばいずれも東京大都市圏の外縁部に位置する。これに対して，ここにあげていない道府県は

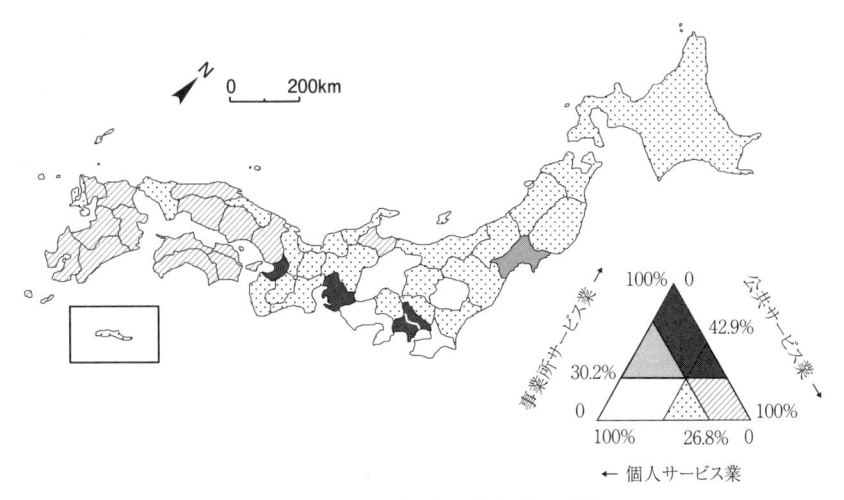

図2-2　サービス業の構成（1996年）

資料：事業所・企業統計調査

すべて，公共サービス業（全国平均42.9％）のみに特化するか，あるいは公共サービス業と個人サービス業の両者に特化している。いずれにしろ，これら道府県では公共サービス業への特化が顕著であるという特徴がある。このように特化する業種から，「大都市部における事業所サービス業への特化」と「それ以外の地域における公共サービス業への特化」という違いがみられる。サービス業内における構成が全く対照的なサービス経済化が同時に進行しているのである。

公共サービス業への特化についてもう少し立ち入ってみると，公共サービス業のみが全国平均を超えている15県と，個人サービス業でも全国平均を超える23道府県とがある。西日本では公共サービス業のみに特化している場合がほとんどであるのに対して，北海道，東北，関東から中部，近畿にかけては，公共サービス業が全国平均を超えると同時に個人サービス業でも全国平均を超えている道府県が多い。

こうした違いには医療業の「西高東低」ともいうべき格差が関係している。この関係を検討するために，この時点での人口1,000人当たりの医療業従業者数を比べてみる[5]。東北では20.9人と全国平均の22.1人を下回るのに対し，九州では27.5人，四国では28.5人にものぼる。東北と九州・四国の間の格差は10人に近い。医療業とともに典型的な公共サービス業である教育についても同様の検討をすると，人口1,000人当たり従業者数は，東北，四国，九州でそれぞれ17.8人，18.0人，18.3人と地域間での差がない上，全国平均17.7人とも大きな差がない。このことからも，医療業における「西高東低」がいかに著しいものであるかが明らかであろう。「公共サービス業のみ」に特化する15県と「公共サービス業＋個人サービス業」に特化する23道府県との人口1,000人当たり医療業従業者数を比べてみても，前者が平均26.4人であるのに対して，後者は21.4人である。医療業従業者数の差が「公共サービス業のみ」への特化と「個人サービス業＋公共サービス業」への特化という違いを生む要因となっている。

医療業従業者数の格差は高齢化の進展の程度に起因すると考えられる。「公共サービス業のみ」に特化する県と「公共サービス業＋個人サービス業」に特

化する道府県の高齢化率（65歳以上人口比率）の平均は，それぞれ18.0％，16.3％である。また各都道府県人口当たり医療業従業者数と高齢化率との間には，必ずしも強くはないが，有意な相関も認められる。高齢化率の差が医療業の「西高東低」の1つの要因となっている，と考えられる。

このようにサービス業内部において拡大する業種には違いがある。サービス業の構成が全く対照的な，事業所サービス業への特化と公共サービス業への特化である。しかも地域的には前者が大都市部において，後者が地方圏において，それぞれ顕著に認められる。特化業種で二極化しているサービス経済化が，地域的にも二極化しつつ，それが同時に進展しているのである。

2．都道府県内における二極化

大都市部においては事業所サービス業に特化するのに対して，それ以外の地域においては公共サービス業に特化するという違いは都道府県内部においても同様にみられる。広島県を事例に市町村別のサービス業構成をみると，県庁所在地であるとともに，中国地方の広域中心都市でもある広島市での事業所サービス業への特化と，その他の市町村での公共サービス業への特化という違いが明瞭である（図2-3）[6]。

ただし，県内各市町村（1996年当時）のサービス業構成には全国とはやや異なる特徴もある。少し立ち入って検討してみよう。個人サービス業のみへの特化は，全国の場合と違って，中心地である広島市周辺部ではなく，むしろ県境部に位置する町村かそれに近いところにみられる。これらの町村のほとんどが，たとえば，「安芸の宮島」という一大観光地を抱える宮島町とその対岸である大野町のように，観光地が町村内にあるか，あるいは観光施設やゴルフ場を抱えている[7]。これらは観光への特化が強いことによって個人サービス業に特化している[8]。

広島県においては，広島市以外でも7町村において事業所サービス業への特化がみられ，大都市部のみにおいて事業所サービス業への特化がみられる全国の動向と異なっている。とはいえ，これは当該町村では農協（JA）を中心と

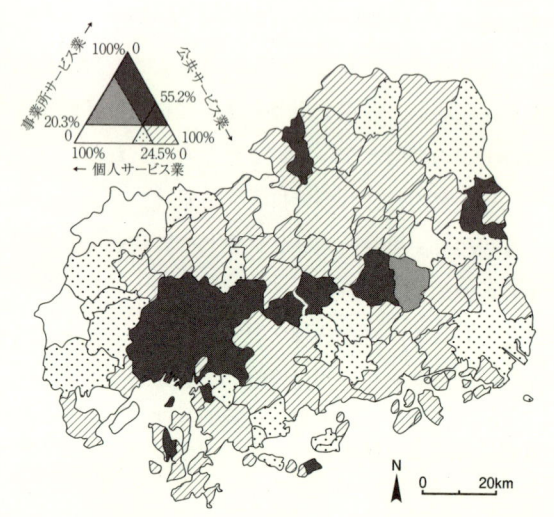

図2-3 広島県における市町村別サービス業構成（1996年）
資料：事業所・企業統計調査

した「農林水産業協同組合（他に分類されないもの）」の立地がみられる一方，それ以外には多数の就業者を抱える部門が存在しないためである[9]。

広島県内における，大都市部での事業所サービス業への特化と，それ以外の地域での公共サービス業への特化という傾向は全国ほど明瞭ではないようにもみえる。しかしながら詳細に検討してみれば，都市部での事業所サービス業への特化と，それ以外の地域での公共サービス業への特化という二極化は，いくつかの例外を除いて，県単位でもおおよそ認められる。

第3節 事業所サービス業の地理的偏在性

1．大都市のある都道府県への集中

業種的に二極化したサービス経済化が地域的にも二極化し，同時並行的に進行している背景には，近年のサービス経済化を牽引してきた事業所サービス業

の地理的偏在性がある。

　事業所サービス業は明らかに，地方中枢都市を含めた大都市に相対的に集中している（表2-2）。とりわけ1990年代に入って，その傾向が強まっており，事業所サービス業従業者数の立地係数が1を超える（すなわち，当該地域における事業所サービス業の全国に占める割合が，当該地域における非農林水産業の全国に占める割合を超える）都道府県数は1986年の11から1991年には6へと減少する。1996年，2001年には7になるが，北海道，宮城，東京，神奈川，大阪，福岡，沖縄のみである。事業所サービス業の大都市への集中傾向は，オフィスサービス業でより顕著である。オフィスサービス業の立地係数が1986～1991年の間，常に1を超えているのは，北海道，東京，神奈川，大阪，福岡の5都道府県であり，明らかに大都市部への集中が認められる。

2．人口・事業所数との対比からみた地理的偏在性

　事業所サービス業の地理的偏在性は，そのジニ係数（局地化係数）をみても明らかである。ジニ係数は特定産業部門の全国的な配置の態様を直接表す指標として知られており，前項の集中度の分析に，ジニ係数の分析を加えることで，事業所サービス業の地理的偏在性がより明瞭になる。

　ここではジニ係数を，47都道府県を単位に，その人口と各産業・業種の従業者数とから算出した（表2-3）。係数が0であれば，当該産業の都道府県別割合は人口の都道府県別割合と完全に一致することになり，0から離れれば離れるほど，人口分布との乖離が大きいということになる。なお，ジニ係数は最大で1である。

　これをみると，事業所サービス業とりわけオフィスサービス業の値は明らかに高く，人口分布との相対的乖離が明瞭である。詳しくみると，非農林水産業（農林水産業を除く全事業所）の従業者数と人口とのジニ係数は，1975～2001年の間において.074から.077で，ほとんど変化がない。それに対して事業所サービス業の係数は1975年で.115と，もともと非農林水産業に比べて高い。そのうえ係数は1991年の.172まで徐々に上昇し続けた。1996年には.166と一旦下が

表2-2　事業所サービス業・オフィスサービス業の集中

	事業所サービス業 従業者（%）				オフィスサービス業 従業者（%）			
	1986	1991	1996	2001	1986	1991	1996	2001
北海道	**4.9**	**4.7**	**4.8**	**4.4**	**4.5**	**4.4**	**4.5**	**4.0**
青森	1.0	0.9	0.9	0.8	0.7	0.7	0.7	0.7
岩手	**1.1**	0.9	0.9	0.8	0.8	0.7	0.7	0.7
宮城	**1.8**	1.8	**1.8**	**1.8**	1.7	1.6	1.7	1.7
秋田	0.9	0.8	0.7	0.7	0.6	0.6	0.6	0.5
山形	0.9	0.7	0.7	0.6	0.6	0.6	0.5	0.5
福島	1.4	1.3	1.3	1.3	1.2	1.1	1.1	1.1
茨城	1.8	1.8	1.8	1.7	1.6	1.7	1.7	1.5
栃木	1.2	1.2	1.2	1.2	1.1	1.0	1.1	1.0
群馬	1.3	1.3	1.2	1.2	1.1	1.1	1.0	1.1
埼玉	2.6	2.8	3.0	3.1	2.4	2.6	2.8	3.0
千葉	2.6	3.0	3.3	3.1	2.5	2.9	3.2	3.0
東京	**22.8**	**24.3**	**23.6**	**26.0**	**29.2**	**29.0**	**27.9**	**29.9**
神奈川	5.1	**6.0**	**6.1**	**6.1**	**5.6**	**6.4**	**6.5**	**6.4**
新潟	1.9	1.7	1.7	1.6	1.5	1.5	1.5	1.4
富山	0.8	0.8	0.8	0.8	0.7	0.7	0.7	0.7
石川	0.9	0.9	0.9	0.9	0.8	0.8	0.7	0.7
福井	0.7	0.6	0.6	0.5	0.6	0.5	0.5	0.4
山梨	0.5	0.5	0.5	0.4	0.4	0.4	0.4	0.4
長野	1.5	1.4	1.4	1.5	1.1	1.1	1.2	1.3
岐阜	1.2	1.1	1.1	1.1	0.9	0.9	1.0	1.0
静岡	2.5	2.4	2.3	2.3	2.1	2.2	2.1	2.2
愛知	4.9	5.2	5.4	5.6	5.0	5.3	5.5	5.7
三重	1.0	0.9	1.0	0.9	0.8	0.7	0.8	0.8
滋賀	0.7	0.6	0.6	0.6	0.6	0.6	0.6	0.6
京都	1.6	1.5	1.4	1.4	1.5	1.4	1.4	1.3
大阪	**8.7**	**9.4**	**9.2**	**9.0**	**10.3**	**10.6**	**10.3**	**9.7**
兵庫	3.2	3.1	3.2	3.1	3.1	3.0	3.0	3.0
奈良	0.5	0.4	0.4	0.4	0.3	0.3	0.4	0.4
和歌山	0.6	0.6	0.5	0.5	0.4	0.4	0.4	0.4
鳥取	0.5	0.4	0.4	0.4	0.4	0.3	0.3	0.3
島根	**0.7**	0.5	0.5	0.5	0.5	0.4	0.4	0.4
岡山	1.4	1.2	1.2	1.1	1.3	1.0	1.1	1.0
広島	2.2	2.3	2.2	2.0	2.1	2.2	2.2	1.9
山口	1.1	0.9	0.9	0.8	0.9	0.8	0.7	0.7
徳島	0.5	0.4	0.5	0.4	0.4	0.4	0.4	0.4
香川	0.8	0.7	0.7	0.7	0.6	0.6	0.7	0.6
愛媛	1.1	1.0	1.0	0.9	0.8	0.8	0.8	0.7
高知	**0.6**	0.5	0.5	0.5	0.4	0.4	0.4	0.4
福岡	3.6	**3.7**	**3.8**	**3.7**	**3.7**	**3.7**	**3.8**	**3.7**
佐賀	0.6	0.5	0.5	0.5	0.4	0.3	0.4	0.4
長崎	1.0	0.9	0.9	0.8	0.7	0.7	0.7	0.7
熊本	1.2	1.2	1.1	1.0	0.9	0.9	0.9	0.8
大分	**0.9**	0.8	0.8	0.8	0.8	0.7	0.7	0.7
宮崎	**0.9**	0.7	0.8	0.7	0.6	0.6	0.6	0.5
鹿児島	**1.3**	1.1	1.1	0.9	0.8	0.8	0.8	0.7
沖縄	**0.9**	**0.9**	**0.9**	**0.9**	**0.9**	**0.8**	0.7	0.8
全国 ※	100.0 11	100.0 6	100.0 7	100.0 7	100.0 6	100.0 6	100.0 5	100.0 5

注：□＝立地係数＞1で，※はその都道府県数．
資料：事業所統計調査．

表2-3　対人口ジニ係数の変化

	1975	1981	1986	1991	1996	2001
非農林水産業	.077	.074	.075	.077	.074	.076
サービス業	.067	.068	.069	.078	.075	.077
事業所サービス業	.115	.130	.150	.172	.166	.186
オフィスサービス業	.218	.218	.226	.229	.219	.233

注：都道府県を単位に，もっとも近い時期の国勢調査人口との間で係数を算出した。
資料：事業所統計調査，国勢調査。

るものの，2001年には.186と再び上昇し，これまでで最大になっている。1980年代における当該産業の拡大の中で人口分布との乖離が進んできている。

　オフィスサービス業の係数は1975年には.218であり，事業所サービス業以上に高い人口分布との乖離を示す。1991年には.229にまで上昇し，やはり1996年には.219とやや下がるものの，2001年には.233にまで上昇している。もともと人口分布との乖離が大きい上，その乖離がますます大きくなっている。1996年に係数がやや下がるのも，後述するように，1980年代に「バブル」的な拡大を示した情報サービス業やその他の業種が1990年代前半に東京や地方中枢都市で一時的縮小を余儀なくされただけのためだと考えられる。事業所サービス業，とりわけオフィスサービス業と人口分布との乖離はもともと明瞭である上，その着実な進行が認められるわけである。

　ところで，サービス業全体はもともと非農林水産業よりも人口分布に近い配置をしていた。1975年におけるサービス業のジニ係数が.067であるのに対し，非農林水産業のそれは.077であった。それが1991年になるとサービス業のジニ係数（.078）が非農林水産業のそれ（.077）を超える。両者の値の差は小さいものの，1991年以降はサービス業の値が非農林水産業の値を常に上回っている。サービス業の配置が人口分布から乖離していくようになったのは，事業所サービス業が拡大してサービス業に占める比重を高める中で，その事業所サービス業が人口分布との乖離を広げていったためである。

　これについて確認するために，サービス業が産業別就業者数で最多になった直後の1996年における，各業種相互間で算出したジニ係数をみてみよう（表2

表2-4　ジニ係数からみたサービス業の配置（1996年）

		A	B	C	D	E	F	G	H	I
A	人口（1995年）	0								
B	非農林水産業	.074	0							
C	サービス業	.075	.041	0						
D	個人サービス業	.059	.051	.053	0					
E	消費関連	.044	.048	.045	.039	0				
F	余暇関連	.075	.065	.067	.022	.060	0			
G	事業所サービス業	.166	.111	.098	.142	.131	.150	0		
H	オフィスサービス業	.219	.166	.157	.200	.190	.208	.060	0	
I	公共サービス業	.059	.063	.049	.051	.043	.066	.142	.201	0

資料：事業所・企業統計調査（1996），国勢調査（1995）

-4）。ここでは人口と各産業の従業者数との対比によって算出したジニ係数だけではなく，各業種の従業者数間のジニ係数（これによって業種間での分布の照応・乖離が読み取れる）からも対比，検討する。

　事業所サービス業における対人口ジニ係数.166は，他に比べて明らかに高い。個人サービス業，公共サービス業はともに，対人口のジニ係数が.059である。これは非農林水産業だけでなく，サービス業全体よりも低くなっている。個人サービス業と公共サービス業が人口分布に照応（合致）した配置を示すことは明瞭である。個人サービス業のうち消費関連では，さらにジニ係数は低く，人口分布との照応性を示している。このことからも事業所サービス業のジニ係数の高さがサービス業全体の値を押し上げていることがわかる。

　事業所サービス業は対人口のジニ係数が.166であるのに対して，対非農林水産業の係数は.111となっている。事業所・企業に対してサービスを提供する当該産業は，人口よりも非農林水産業従業者の配置に照応している。また業種間のジニ係数がもっとも高いのは，オフィスサービス業と余暇関連との間においてである（.208）。広島県の事例でみたように，余暇関連は都市部以外で特化している場合が多く，事業所サービス業とくにオフィスサービス業とは乖離した立地を示していた。同様のことが全国的にも認められるわけである。

　事業所サービス業の地理的偏在性は，産業小分類のジニ係数を比較すること

表2-5 ジニ係数の高い主要なサービス業（1996年）

	係数	就業者数	東京圏シェア
広告代理業	.439	129,337	51.2%
ソフトウェア業	.409	129,338	58.5%
情報処理・提供サービス業	.384	232,597	53.6%
自然科学研究所	.335	244,691	46.1%
他に分類されない事業サービス業	.283	598,163	46.4%
農林水産業協同組合（他に分類されないもの）	.283	399,224	9.0%
その他の専門サービス業	.271	368,507	44.3%
公認会計士事務所、税理士事務所	.204	164,223	35.4%
専修学校、各種学校	.197	142,552	31.8%
高等教育機関	.196	343,984	37.5%

注：従業者数10万人以上のサービス業をジニ係数の高い順にあげた。
資料：事業所・企業統計調査

からも指摘できる。従業者数10万人以上のサービス業のうちジニ係数の高い上位3業種は、広告代理業、ソフトウェア業、情報処理・提供サービス業であり、いずれも1980年代以降の急速な拡大が注目された業種であった（表2-5）[10]。上位10業種をみても、そのうち7業種までが事業所サービス業である。残る3業種も「自然科学研究所」、「専修学校、各種学校」、「高等教育機関」である。「自然科学研究所」は現在では、明らかに事業所・企業向けのサービス業であるものが多数を占める。事実、「頭脳立地法」[11]において特定16業種の1つに指定されていた業種であり、政策的にもそうした「期待」を受けていた。他方で「専修学校、各種学校」と「高等教育機関」は教育という側面では公共サービス業の範疇に入る一方で、「専修学校、各種学校」は職業教育を中心としており、企業への人材供給という面では事業所サービス業的な性格を有しているともいえる。「高等教育機関」も同じく人材供給を担うとともに、近年、「産業支援」などの機能を有することが「期待」されており、それに呼応する動きが大学を中心にみられることは周知の通りである。したがって、これら3業種は公共サービス業というよりもむしろ事業所サービス業に近い性格を有しているか、あるいはそうした性格を「期待」されている業種である[12]。ジニ係数が高い、つまり地理的偏在性が強いのは、事業所サービス業あるいはそれに準じた業種

表2-6 ジニ係数の低いサービス業（1996年）

	係数	就業者数	東京圏シェア
美容業	.043	433,488	26.9%
高等学校	.044	402,057	23.0%
洗濯業	.053	420,516	30.0%
理容業	.054	273,978	23.3%
一般廃棄物処理業	.056	198,104	26.4%
中学校	.056	323,341	22.7%
幼稚園	.060	141,030	29.0%
小学校	.064	539,155	22.1%
遊技場	.064	427,169	26.5%
歯科診療所	.068	330,164	29.5%

資料：事業所・企業統計調査

なのである。

　ジニ係数の高い業種とは対照的に，ジニ係数の低いサービス業10業種は4業種が個人サービス業，6業種が公共サービス業である（表2-6）。事業所サービス業の「偏在」性とは逆に，これら業種は「遍在」性を持っていることが指摘できる。個人サービス業のうち「伝統的分野」（飯盛，1987）である理容業，美容業，洗濯業が第1位と第3位，第4位と上位を占めている。これらは配置の上からいっても「典型的」な個人サービス業であるといえる。また公共サービス業の4業種までが幼稚園，小学校，中学校，高等学校であり，これらは同じ教育機関でも高等教育機関，専修学校、各種学校とは対照的な分布を示している。なお遊技場については，その従業者の約80％（339,798人）までが「パチンコホール」における従業者であり，当該施設の地理的遍在性も認められる。

　このようにジニ係数を用いた分析からも，事業所サービス業，オフィスサービス業の地理的偏在性は明瞭であった。事業所サービス業，オフィスサービス業の地理的偏在性は特に1980年代において進行し，人口との乖離を拡げていった。それがサービス業全体の人口分布との照応性をも乖離させているのである。

3. 県域スケールにおける地理的偏在性

都道府県スケールにおける市町村人口とサービス業との配置の関係をみても，事業所サービス業の地理的偏在性は明らかである。これが明瞭にみられる広島県を事例にみると，県域スケールでの事業所サービス業のジニ係数は，全国スケールに比して高くなっている（表2-7）。広島県では非農林水産業における対人口のジニ係数は.070と全国の値（.074）よりも低くなっており，産業配置と人口分布が全国よりも密接に照応する形になっているのに対して，事業所サービス業のジニ係数は.203と全国の値（.166）よりも明らかに高い。特にオフィスサービス業の係数（.281）は，全国の値（.219）よりも高く，事業所サービス業・オフィスサービス業の配置の特徴が顕著に現れている。

市町村を単位に人口，サービス業，事業所サービス業，オフィスサービス業，それぞれの順位規模曲線をみても（図2-4），その傾きから事業所サービス業，とりわけオフィスサービス業の上位都市への集中，特にオフィスサービス業の集積する市町村とその立地がほとんどみられない市町村との格差が確認される。

県域スケールのジニ係数（表2-7）では，消費関連（.099），余暇関連（.136）の値が全国に比べて高く，ともに全国の2倍程度になっている。そのため個人サービス業も全体で高い値となっており，個人サービス業と人口との

表2-7　広島県におけるサービス業配置の態様（1996年）

		A	B	C	D	E	F	G	H	I
A	人口（1995年）	0								
B	非農林水産業	.070	0							
C	サービス業	.094	.055	0						
D	個人サービス業	.105	.059	.052	0					
E	消費関連	.099	.052	.075	.069	0				
F	余暇関連	.136	.098	.080	.047	.116	0			
G	事業所サービス業	.203	.155	.122	.148	.159	.154	0		
H	オフィスサービス業	.281	.233	.200	.222	.229	.218	.081	0	
I	公共サービス業	.056	.072	.077	.106	.096	.138	.192	.269	0

資料：事業所・企業統計調査（1996），国勢調査（1995）

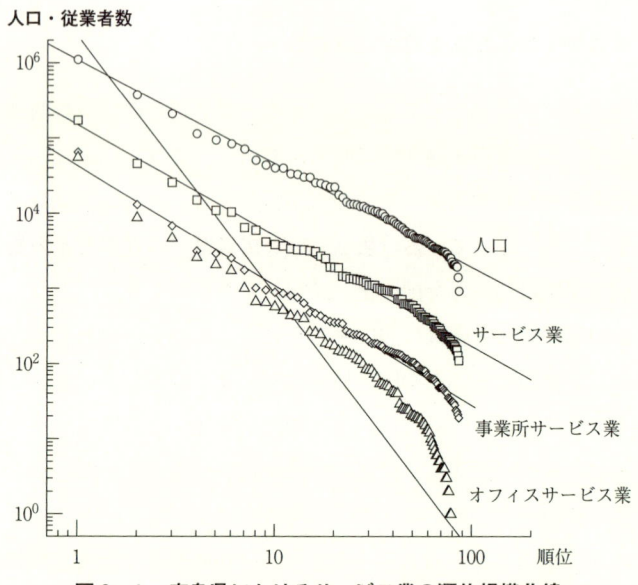

図2-4 広島県におけるサービス業の順位規模曲線
注：直線は各値の相関曲線。
資料：事業所・企業統計調査（1996），国勢調査（1995）

分布に乖離がみられるともいえる。ただし，そのようにみえるのは統計上の問題によるところも大きい。広島県のサービス業におけるジニ係数上位10業種に「競輪・競馬等の競技団」「スポーツ施設提供業」があげられている（表2-8）。これらの余暇関連サービス業は一定の人口集積を前提にするとはいえ，それは必ずしも市町村単位の人口集積を前提としている訳ではない。広島県において「競輪・競馬等の競技団」の従業者があるのは広島市，福山市，大野町のほぼ3町村に限定される[13]。このうち大野町での競輪・競馬等の競技（競艇である）は大野町の人口だけではなく，広島都市圏（あるいはより広い範囲）からの集客が前提とされているのはいうまでもない。市町村を単位にジニ係数を算出した場合，これが見落とされることになる。こうした点に留意すれば，個人サービス業のジニ係数はもう少し低くなるとみられ，都道府県スケールにおける個人サービス業と人口との照応性も決して低くはないと考えられる。

表2-8　広島県におけるジニ係数上位10部門（1996年）

	係数	就業者数	広島市シェア
競輪・競馬等の競技団	.562	1,795	29.8%
精神薄弱・身体障害者福祉事業	.469	2,392	18.3%
その他の医療業	.442	1,025	32.3%
社会保険事業団体	.442	1,306	80.7%
広告代理業	.441	2,436	80.6%
他に分類されない非営利的団体	.439	2,114	80.5%
高等教育機関	.427	7,298	52.2%
ソフトウェア業	.407	5,520	78.2%
情報処理・提供サービス業	.404	4,099	76.3%
スポーツ施設提供業	.384	6,337	26.3%

注：従業者数1,000人以上の対人口ジニ係数の高い順にあげた。
資料：事業所・企業統計調査

表2-9　広島県におけるジニ係数下位10業種（1996年）

	係数	就業者数	広島市シェア
理容業	.051	6,391	39.8%
歯科診療所	.069	7,657	41.8%
中学校	.075	8,028	35.9%
児童福祉事業	.084	10,418	36.3%
美容業	.093	10,291	45.3%
一般診療所	.093	19,204	43.3%
療術業	.097	2,342	39.4%
小学校	.102	13,472	31.2%
高等学校	.106	9,854	36.3%
病院	.115	37,442	38.2%

資料：事業所・企業統計調査

　以上のような詳細を考慮すれば，事業所サービス業の偏在性と，個人サービス業および公共サービス業の遍在性は明らかである。また，広告業，情報サービス業などの事業所サービス業が広島県でも係数の高い業種としてあげられ（表2-8），理容・美容業や小学校，中学校，高等学校などの個人サービス業，公共サービス業が係数の低い業種としてあげられている（表2-9）。ここからも，事業所サービス業の偏在と個人サービス業と公共サービス業の遍在が確認

される。

　以上のように，事業所サービス業の偏在性と個人サービス業と公共サービス業の遍在性という構造は全国レベルでも都道府県レベルでも確認される「入れ子構造」となっている。

4．大企業本社と事業所サービス業の分布の照応性

　このように事業所サービス業は大都市への極端な集中・集積を示しているがゆえに，強い地理的偏在性を有している。大都市に集中・集積するのは，事業所サービス業が情報部門や設計，デザイン，広告など，一般に大企業の本社やR&D部門が有していた機能の「外部化」によって成長してきた特質に関わることはいうまでもない。このことは次の分析からも裏付けられる。

　事業所・企業統計調査では，2001年から「単独事業所及び本所事業所と国内支所事業所の名寄せによる集計」において，本所所在地と支所の分布範囲に関する都道府県別データが公表されている。すなわち，2001年の事業所・企業統計調査からは国内に支所を持つ企業の都道府県別の数が公表されるようになった。しかも，「本所が所在する都道府県内のみに支所を持つ企業」と「本所が所在する都道府県の外に支所を持つ企業」のデータがそれぞれ公表されるようになっており，前者はいわば同一都道府県内にだけ支所を持つ「中堅企業」，後者は都道府県外にも支所を持つような「大企業」とみなしてもさしあたり問題ないとすれば，それぞれの企業における本所所在地別都道府県数，つまり「中堅企業」と「大企業」の本社数を都道府県別データとして得ることができるようになった。このデータを使って事業所サービス業と大企業本社の立地の照応性を確認してみる（表2-10）。

　本所が所在する都道府県外に支所を持つ企業（大企業）と，事業所サービス業，オフィスサービス業との間で算出したジニ係数は他に比べて明らかに低く，大企業本社と事業所サービス業，特にオフィスサービス業との分布における照応性が認められる。本所が所在する都道府県の域外に支所を持つ企業（大企業）と非農林水産業従業者数，サービス業従業者数とのジニ係数はそれぞれ

表2-10 事業所サービス業と企業本社の分布照応性
(2001年)

	県外に支所を持つ企業数	県内のみに支所を持つ企業数
人口	.323	.128
非農林水産業	.256	.064
サービス業	.252	.068
事業所サービス業	.151	.098
オフィスサービス業	.118	.141

注：数値は都道府県単位で算出した各業種と企業数のジニ係数。
　　県外，県内とは都道府県外，都道府県内のこと。
資料：事業所・企業統計調査（2001年）

.256，.252であるのに対して，事業所サービス業とのジニ係数は.151，オフィスサービス業とのそれは.118となっている。ここからオフィスサービス業と大企業本社の立地とが照応性を持つことは明確である。都道府県内のみに支所を持つ企業（中堅企業）の数と人口のジニ係数，あるいは各産業との間で算出したジニ係数では，大企業とは逆に，オフィスサービス業の.141がもっとも高く，非農林水産業とサービス業ではそれぞれ.064，.068と低い。このことからも事業所サービス業，とくにオフィスサービス業は大企業本社と緊密な関係を有し，その立地との連関が認められる。

　こうした関係については，次節の事業所サービス業における業種別の立地類型に関する分析からも確認できる。オフィスサービス業は大都市，なかでも東京に集中するがゆえに地理的偏在性を持つが，その偏りは単に量的な問題だけではなく，それぞれに特化する業種の違いという，いわば質的な偏りをも有している。また，特化する業種の成長性格差が上位都市と下位都市における集積の差を拡げて，偏在性を一層強めるだけでなく，それは都市全体の成長性にも影響を及ぼすようになっていることが看取される。これについて詳しくみていこう。

第4節　事業所サービス業の業種別立地形態

1．「特化係数」の算出と類型の方法

　事業所サービス業の地理的偏在性は，業種ごとに一様ではない。そこで各業種の立地パターンについて「特化係数」を手掛かりにして，類型化を試みる。
　事業所サービス業の配置の特徴を把握するために，事業所数や従業者数をもとに計算した一般的な立地係数ではなく，次の方法で計算する「特化係数」（以下，ここではLQとする）を指標として用いる。すなわち，LQ＝｛（A地域のa事業所サービス業従業者数）÷（A地域の非農林水産業従業者数）｝÷｛（全国のa事業所サービス業事業所数）÷（全国の非農林水産業事業所数）｝とする。ここでは分子を従業者数によって算出している。それは，従業者数が事業所サービス業の規模を表すからである。それに対して，分母を従業者数で求めるのではなく，事業所数から算出するのは，事業所数の方が当該地域における事業所サービスに対する潜在的な需要規模を表していると考えるからである。たとえば清掃業務（ビルメンテナンス業；建物サービス業に属する）などのサービスが1つのオフィスから要求されるサービス量は，従業者が10人であっても，100人であっても大きな差はない。従業者規模の大きさが事業所面積の大きさに反映し，大規模事業所から要求されるサービス量は大きくなる可能性もあるものの，そうした従業者規模に比例する部分よりも，取引先事業所数に比例する部分の方がはるかに大きいであろう。特に情報サービス，広告，デザイン，あるいは会計や財務などに関するサービスの需要についてはそうした側面が強いと考えられる。LQはそうした需要規模に対して当該地域にどれほどの事業所サービス業が実際に立地しているのか，あるいは事業所サービス業がそれに応える事業所規模を持っているのかを表す指標になる。
　各業種の類型化は，1991年における東京圏（埼玉・東京・神奈川・千葉）のLQと中枢都市道県（地方中枢都市を抱える北海道・宮城県・広島県・福岡県

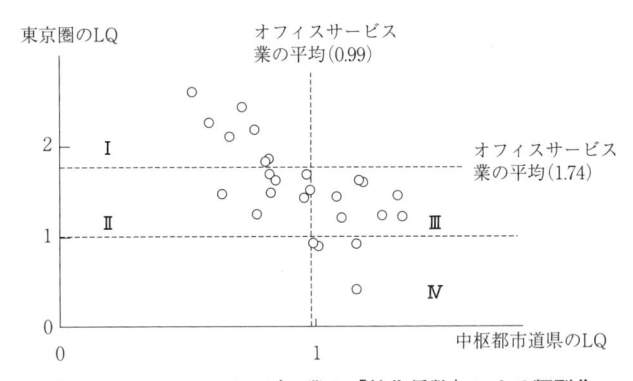

図2-5　オフィスサービス業の「特化係数」による類型化
資料：事業所統計調査

の合計）のLQを指標として，次のように行った．まず東京圏のLQがオフィスサービス業の平均以上の業種を，特に東京圏への集中が高いものとして「東京集中型」とする（図2-5中のⅠ）．その反対に東京圏でのLQが1に満たない業種群を「分散型」とする（同Ⅳ）．次に，東京圏のLQが1以上，平均（1.74）未満の業種の中で，中枢都市道県のLQがオフィスサービス業の平均以上の業種を「中枢都市型」（同Ⅲ），平均未満の業種を「大都市型」（同Ⅱ）とする．中枢都市道県のLQは中枢都市道県での特化を示すだけではなく，東京圏のLQとはマイナスの相関（-0.6767）を有し，東京圏以外の地域に特化する業種を表す指標となる．

これにもとづいて，次項で業種別立地形態の特質を検討する．

2．類型別にみた業種別の立地形態

事業所サービス業における業種ごとの立地類型をみると，東京集中型が7業種，大都市型が8業種，中枢都市型が7業種，分散型が4業種に分類できる（表2-11）[14]．ここではまず東京集中型と中枢都市型・分散型に属する業種の違いが注目される．東京集中型には「特定3業種」[15]と呼ばれるレンタル・リース業（各種物品賃貸業，事務用機械器具賃貸業），情報サービス業，広告業の3業種やデザイン業など，外部化によって1980年代に特に大きく拡大したオ

表2-11 事業所サービス業の立地パターン (1991年)

Ⅰ	東京集中型 (143.0%)	各種物品賃貸業，事務用機械器具賃貸業，情報サービス業，広告業，法律事務所・特許事務所，デザイン業，その他の専門サービス業3)
Ⅱ	大都市型 (103.1%)	ニュース供給業，商品検査業3)，民営職業紹介業1)，警備業4)，他に分類されない事業所サービス業，公認会計士事務所・税理士事務所，獣医業4)，著述家・芸術家業1)
Ⅲ	中枢都市型 (46.9%)	産業用機械器具賃貸業，機械修理業，興信所，速記・筆耕・複写業1)，計量証明業1)，建物サービス業，土木建築サービス業
Ⅳ	分散型 (29.7%)	駐車場業2)，自動車整備業，協同組合，公証人役場・司法書士事務所

注：類型については，図2-5参照．
　　カッコ内の数値は1981〜1991年における各業種の従業者数の平均伸び率．
　　1) 1981年は東京集中型．2) 1981年は大都市型．3) 1981年は中枢都市型．
　　4) 1981年は小分類項目として独立していなかった．

フィスサービス業の多くが含まれる。他方，分散型業種の多くは駐車場業，自動車整備業，協同組合など，従来から存在する，オフィスサービス業には含まれない事業所サービス業である。

　このように東京集中型と中枢都市型・分散型の業種間には機能的な差異が認められる。東京集中型には，情報サービス，広告，デザインといった本社機能や高次の経済的中枢管理機能と直接的に結び付く業種が多い。これに対して，中枢都市型には製造業や建設業の直接部門との関連が強い業種が多い。たとえば，中枢都市型に含まれる産業用機械器具賃貸業は産業用機械・建設機械などレンタル・リースを行う業種である。それは次章で詳述するように，建設業の補完的な役割を担っており，建設業との関連が深い。直接建築には携わらないものの設計や管理を行う土木建築サービス業も中枢都市型であり，建設業と関連の深い業種が中枢都市型に並んでいる。貨物計量・環境測定などを行う計量証明業も中枢都市型であり，これは「工場」など直接部門との関係が深い。さらに中枢都市型の機械修理業には，建設機械修理を担う建設機械・鉱山機械整備業や一般機械修理を行う一般機械修理業が属し，これも建設業や直接部門との関連が深い。

　一方，賃貸業であっても，旅客機のリースさえも行うような企業もある総合

リース業（各種物品賃貸業に属する）やコンピュータ・リースなどの賃貸業務を行う事業所（事務用機械器具賃貸業に属する）は東京集中型であり，産業用機械器具賃貸業とは対照的である。ここからも東京集中型業種のサービス対象先と中枢都市型業種のそれには，経済的中枢管理機能と直接部門という機能的な差異があり，事業所サービス業の配置も企業の管理・生産部門の配置，すなわち企業内地域間分業体系に対応したものとなっていることが分かる。

法律事務所・特許事務所が東京集中型，公認会計士事務所・税理士事務所が大都市型，公証人役場・司法書士事務所が分散型となっているのも同様の事例と考えられる。すなわち法律事務所・特許事務所が扱う法律問題や特許などは企業の本社，なかでも大企業の本社で取り扱われることが多い業務であり，それゆえに当該業種は大企業本社の集積する東京圏に集中している。東京圏に研究所や研究開発型企業などの研究開発機能が集積していることが，特許事務所の東京圏への集中と関連していることも容易に推測される[16]。一方，大都市型の公認会計士事務所・税理士事務所は，企業の大小を問わず，ほとんどすべての企業が利用するサービスであることから，その立地は東京圏に限られない。また分散型の公証人役場・司法書士事務所は公正証書・官署提出書類などの作成を担っており，これらは本社に限らず支所・工場などでも扱うものであることに対応して，地方圏にまで広く立地している。

このように業種別の立地形態の違い，言い換えれば，都市ごとに特化する業種の違いからは，都市間の機能的な差異が認められる。それは既存の企業内地域間分業体系に対応する階層的な機能的格差であり，「本社」と密接な関係にある機能の大都市，とりわけ東京圏への集中と，「工場」など直接部門との関連が深い機能の地方圏（地方中枢都市も含む）での特化として現れている。

3．事業所サービス業立地における都市間格差の拡大

特化する業種の機能的差異は都市階層間に認められるだけではなく，特化する業種の成長力の差を通じて上位都市と下位都市とにおける量的格差にも反映し，事業所サービス業立地における都市間格差の拡大を惹起している。

事業所サービス業がとりわけ大きな拡大を示した1980年代における各類型の従業者増加率をみると、東京集中型業種の従業者数は1981～1991年の間に平均して143.0％もの増加を示している（表2-11）。大都市型でも増加率は103.1％であり、これら2類型では10年間で従業者数が2倍以上になっている。一方、分散型業種の従業者増加率は29.7％と低い。分散型4業種のうち、自動車整備業と協同組合の2つの業種では1980年代に従業者数が減少さえしている。中枢都市型の各業種も平均で46.9％と相対的に低い伸び率にとどまっている。1980年代における事業所サービス業の成長は外部化によって拡大した東京集中型業種の伸びによるところが大きく、その一方で地方圏に立地する業種の成長率が低かったことと相まって、この間に事業所サービス業における東京圏への一極集中がますます進んだわけである。これが事業所サービス業の地理的偏在性の強化にもつながった。

こうした成長業種の集中・集積は全国的にみられるだけでなく、広域経済圏スケール、県域スケールでもみられ、それが都市間格差を拡大させている。1980年代の東北地域を事例にみてみよう。

東北地域における事業所サービス業の配置の特徴は、一言でいえば「仙台一極集中」である（表2-12）。仙台市の従業者数が東北地域の従業者数に占める割合、つまり仙台市への集中度は非農林水産業従業者数では1981年で10.6％、

表2-12 東北地域における仙台市のシェア

	1981年		1991年	
	事業所	従業者	事業所	従業者
非農林水産業	8.1%	10.6%	9.4%	12.2%
サービス業	7.9%	10.6%	9.5%	13.2%
事業所サービス業	10.4%	11.5%	13.6%	18.1%
オフィスサービス業	15.9%	18.8%	18.8%	24.9%
人口	8.3%		9.4%	
製造業	5.3%	4.7%	4.8%	4.1%

注：1981, 91年の人口はそれぞれ1980, 90年の国勢調査人口。
資料：事業所統計調査、国勢調査

1991年では12.2%であった。これに対して，事業所サービス業の仙台市への集中度は1981年の11.5%が1991年には18.1%となった。もともと立地係数は1を超えていたとはいえ，1981年では1.08と，1をわずかに超えるに過ぎなかったものが，1991年には1.48となっている。オフィスサービス業における仙台市への集中度はさらに高く，1991年で24.9%であり，東北地域の中で傑出した存在となっている[17]。立地係数も2を超えて，2.04と非常に高い値を示している。このことは東北地域のオフィスサービス業の立地・配置を表した図2-6からも明瞭に読み取れる。

オフィスサービス業における仙台集中度も高まってきており，1981～1991年

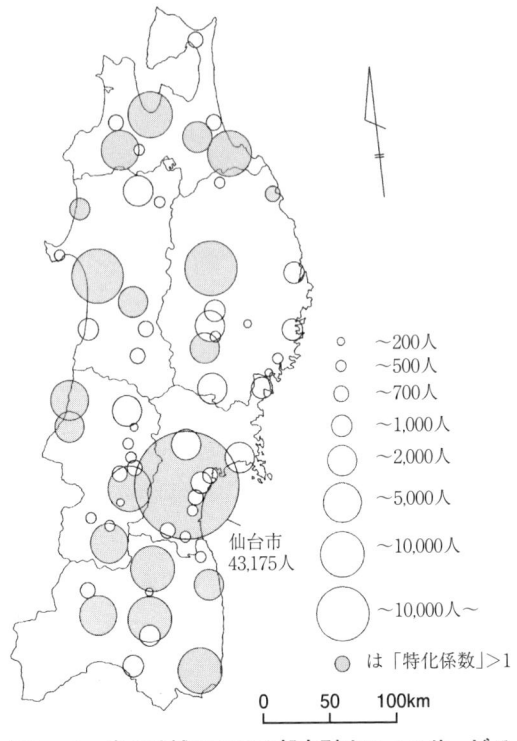

図2-6 東北地域における都市別オフィスサービス業従業者数（1991年）

資料：事業所統計調査

表 2-13 事業所サービス業の集中度上位10業種 (1991年)

	東京都		仙台市	
1	事務用機械器具賃貸業	54.7%	事務用機械器具賃貸業	74.7%
2	法律事務所・特許事務所	48.3%	速記・筆耕・複写業	50.5%
3	デザイン業	45.9%	情報サービス業	48.0%
4	広告業	45.2%	デザイン業	42.2%
5	情報サービス業	43.2%	広告業	40.9%
6	各種物品賃貸業	35.2%	法律事務所・特許事務所	33.6%
7	ニュース供給業	31.0%	興信所	32.8%
8	その他の専門サービス業	30.3%	各種物品賃貸業	25.6%
9	興信所	29.3%	その他の専門サービス業	24.3%
10	他に分類されない事業サービス業	27.9%	他に分類されない事業サービス業	21.9%

注:( ) は当該地域の従業者が占める割合。ただし，東京都は全国の従業者に対して，仙台市は東北6県の従業者に対しての割合。
資料:事業所統計調査

の間に事業所数で3ポイント，従業者数では6ポイントあまり割合が増加した（表2-12）。東北地域内における仙台一極集中とその強化が1980年代に進んだことが明らかである[18]。

　仙台市への集中度が高い事業所サービス業の業種は，全国的にみても東京都への集中を示している業種とほぼ同じ構成になっており（表2-13），集中度が高い上位10業種のうち9業種までが同じ業種である。これらには1980年代に大きく拡大した，事務用機械器具賃貸業，情報サービス業，広告業，デザイン業などが含まれる。仙台市（地方中枢都市）が東北地域（広域経済圏）の中で，いわゆる「ミニ東京」的な役割を果たしていることが看取されるとともに，成長業種の集中は仙台市の集中度を上昇させ，広域経済圏での地位をますます高めている。「東京一極集中」に相似した形で東北地域における事業所サービス業の仙台一極集中がみられるといえよう。

　中心都市への事業所サービス業の集中は，県域スケールでの県庁所在都市（以下，県庁都市とする）においても認められる（表2-14）。福島市を除く東北5県の県庁都市では，非農林水産業従業者数が県内でもっとも多く，県全体に占める割合（以下，県内シェアとする）も他の都市に比べて格段に高い。事

第2章 日本におけるサービス経済化の進展とその地理的特質 53

表2-14 東北地域の各都市における各産業従業者の県内シェア（1991年）

(単位:％)

		非農林水産業	サービス業	事業所サービス業	オフィスサービス業	人口	製造業
青森県	青森市	23.5(▲)	24.4	29.8	39.8	19.4	13.3(△)
	弘前市	12.9(△)	14.4	12.7	14.0(△)	11.8	11.1(△)
	八戸市	19.8	18.1	20.3	22.7	16.3	22.7(△)
	黒石市	2.5(△)	2.3(△)	1.6(△)	1.2(△)	2.6(△)	3.5
	五所川原市	3.5(△)	3.5(△)	3.1(△)	2.9(△)	3.2(▲)	3.2
	十和田市	4.6	4.8	5.5(△)	5.5(△)	4.1	5.2
	三沢市	3.3	3.1	2.6	2.9	2.8	3.3
	むつ市	3.7(△)	3.3	2.9	2.5	3.3	2.1(▲)
岩手県	盛岡市	21.2(△)	27.2	31.6	47.8	16.6	5.8(▲)
	宮古市	4.0(△)	3.9(△)	3.3(▲)	3.5(△)	4.1(▲)	3.6(△)
	大船渡市	3.3(△)	2.7(△)	2.6(△)	1.8(△)	2.7(▲)	4.1(△)
	水沢市	5.5(△)	5.8(△)	6.2(△)	8.0(△)	4.1	5.2(△)
	花巻市	5.5(△)	5.6(△)	4.2(△)	3.6(△)	5.0	6.2(△)
	北上市	7.0	5.0(△)	5.1(△)	5.5(△)	5.9	11.2
	久慈市	2.6	2.6	2.7(△)	2.5(△)	2.7(△)	2.5
	遠野市	1.7	1.5(△)	1.2(▲)	0.9(△)	2.0(▲)	1.8
	一関市	5.5	5.2	4.6(△)	5.1(△)	4.4	6.7
	陸前高田市	1.5	1.4(△)	1.3(△)	0.6(△)	1.9(▲)	2.4
	釜石市	4.0(▲)	3.7(△)	3.8(△)	3.5(△)	3.7(▲)	4.2(▲)
	江刺市	1.9	1.7(△)	2.3	1.1(△)	2.4(▲)	3.0
	二戸市	2.0	1.8(△)	1.7(△)	1.4(▲)	2.0(▲)	2.2
宮城県	仙台市	49.8	55.0	65.0	78.1	40.8	21.2(△)
	石巻市	5.9(△)	4.9(△)	4.4(△)	3.4(△)	5.4(△)	7.6(△)
	塩竈市	2.8(△)	2.3(△)	1.5(△)	1.2(△)	2.8(△)	3.6(▲)
	古川市	3.1	3.0(△)	2.6(△)	2.4(△)	2.9	3.5
	気仙沼市	3.1(△)	3.0(△)	2.1(△)	1.3(△)	2.9(△)	3.9(△)
	白石市	1.7(△)	1.6(△)	1.2(△)	1.0(△)	1.9(△)	3.1
	名取市	2.1	2.0	1.5(△)	1.1(△)	2.4	2.8
	角田市	1.4(△)	1.1(△)	0.8(△)	0.7(△)	1.6(△)	3.3
	多賀城市	2.2(△)	2.1(△)	1.5(△)	1.3(△)	2.6	2.6(▲)
	岩沼市	1.6	1.4(△)	1.0(△)	0.8(△)	1.7	2.6(△)
秋田県	秋田市	29.3	33.6	39.8	56.2	24.6	14.2(△)
	能代市	5.1(△)	5.1(△)	4.3(△)	5.1(△)	4.6(▲)	5.3(△)
	横手市	4.7	4.6	3.8(△)	3.7(△)	3.4(▲)	3.7
	大館市	6.2(▲)	6.0(△)	5.5(△)	5.7(△)	5.6(▲)	5.4
	本荘市	4.5	4.7	4.5(△)	5.0(△)	3.6	4.6(△)
	男鹿市	2.3(△)	2.2(△)	1.7(△)	1.3	2.8(▲)	1.5(△)
	湯沢市	3.4(△)	3.1(▲)	3.2(△)	3.3(△)	3.0(▲)	3.9
	大曲市	4.1(△)	4.4(△)	4.5(△)	5.8(△)	3.3(▲)	3.0
	鹿角市	3.2(△)	3.4(△)	2.1(△)	1.9(△)	3.5(▲)	3.0
山形県	山形市	23.1(△)	26.4	29.0	37.2(△)	19.8	14.3(△)
	米沢市	9.0	8.5	8.4	10.6	7.5	11.1(△)
	鶴岡市	8.9	9.7(△)	7.7	9.1	7.9(△)	8.7
	酒田市	9.3(△)	9.0(△)	11.7	12.7(△)	8.0(▲)	7.1
	新庄市	4.2	4.4	5.1	5.5(△)	3.4(△)	3.8
	寒河江市	3.4(△)	3.0	3.1(△)	3.0(△)	3.3	4.0(△)
	上山市	2.5(△)	3.9(△)	1.4	0.9	3.0(▲)	2.5(△)
	村山市	2.1(△)	1.7(△)	2.3(△)	2.1(△)	2.5(▲)	2.7
	長井市	3.1(△)	2.6	2.8	2.3(△)	2.6(▲)	4.1(△)
	天童市	4.9	4.3	3.4	3.3	4.6	5.8
	東根市	3.8	2.6	2.1(▲)	1.2	3.4	5.0
	尾花沢市	1.5	1.3(△)	1.4(△)	0.8(▲)	1.9(▲)	1.9
	南陽市	2.7	2.6	2.4	2.2	2.9	3.0(△)
福島県	福島市	15.0(△)	17.6	17.8	20.0(△)	13.2	11.1
	会津若松市	6.9(△)	7.7(△)	6.8	8.2	5.7	5.7(▲)
	郡山市	17.0	18.7	22.6	26.2	15.0	11.1
	いわき市	16.7(△)	17.6	16.0	17.8	16.9	15.9(△)
	白河市	2.6(△)	2.4(△)	2.4(△)	2.4(△)	2.2	3.0(△)
	原町市	2.7(△)	2.4(△)	2.7(△)	3.0(△)	2.3	3.0
	須賀川市	2.7(△)	2.5	2.0	2.0	2.9	3.3(▲)
	喜多方市	2.0(△)	1.7(△)	1.6(△)	1.5(△)	1.8(△)	2.4(△)
	相馬市	1.8	1.7(△)	1.3(△)	1.1	1.9(△)	2.0
	二本松市	1.6(△)	1.5	0.9(△)	0.5(△)	1.7	2.3

注：（△）は1981～1991年の間に割合が低下したことを，（▲）は割合・実数ともに減少したことを示す。
人口については90年の国勢調査の数値で，80年の人口との比較。
資料：事業所統計調査，国勢調査

業所サービス業，オフィスサービス業でもほとんどの県庁都市は県内一の従業者数を有するとともに，非農林水産業従業者数の県内シェアを上回り，県全体の40％近くか，それ以上を占めている。

福島県においては，郡山市の非農林水産業従業者数が第1位であり，県庁都市である福島市はこれに次ぐ。周知のように，福島県においては，福島市が県庁都市として行政の中心地であるのに対して，経済的な中心地は郡山市であり（吉田，1975；池沢・日野，1992；日野，1993），郡山市を「県域中心都市」（日野，1993）とみれば，その集中は他県と変わりはない。県域スケールでの一極集中は県庁都市への集中とは限らず，県域中心都市への集中なのである。

県域中心都市への集中が進む一方で，県域中心都市以外の都市における当該産業の県内シェアは総じて低下しているか，あるいは低下していない場合でも，ほとんどは低い伸びにとどまっている。この傾向がもっとも顕著なのは岩手県，宮城県，秋田県の3県である。3県とも県庁都市のみが事業所サービス業，オフィスサービス業の県内シェアを大幅に上昇させているのに対して，それ以外の都市は総じて県内シェアを低下させている。

ただし，県域中心都市への事業所サービス業の地理的な集中は，全国スケールや広域経済圏スケールにおける特定大都市への「一極集中」のようには単純ではない。福島県，青森県の2県では県域中心都市への一極集中ではなく，それぞれ県内で県庁都市に匹敵する規模を持つ上位都市群への集中が顕著である。福島県においては郡山市が県域中心都市となっているが，福島市，いわき市における事業所サービス業，オフィスサービス業の県内シェアは郡山市のそれに匹敵する。福島市のオフィスサービス業を除けば，これら2都市の当該業種の県内シェアは1981〜1991年の間も上昇している。青森県でも，青森市の県内シェアがもっとも高いとはいえ，弘前市，八戸市の割合も他の中小都市に比べれば格段に高い。1981〜1991年の間において，八戸市は事業所サービス業，オフィスサービス業の県内シェアをそれぞれ3.1ポイント，3.2ポイント増加させた。これは青森市のそれよりも高い増加率であった。福島県，青森県の2県ではこうした上位都市群への集中が顕著となっている。

一方，山形県では，県域中心都市への集中や上位都市群への集中が明確には見出しがたい。山形市の事業所サービス業は1981〜1991年間に4.7ポイントのシェア増を示してはいるものの，オフィスサービス業は県内シェアを低下させている。その他の上位都市群における顕著な増加もみられない。これには仙台市との近接性が影響している。山形市は仙台市と近接するために，もともと他の県域中心都市に比べて，支店数・支店従業者数が少ない（日野，1996, p.111）。オフィスサービス業の主たる取引先である経済的中枢管理機能の集積が山形市において低いことが，オフィスサービス業の伸びの低さに影響したと考えられる。また，近接している上位都市・仙台市におけるオフィスサービス業の拡大の中で，山形県の各都市はそのサービス圏に組み込まれていることが山形市のオフィスサービス業の低い伸びにつながっているといえよう。いずれにしろ，仙台市との関係が山形県におけるオフィスサービス業の県域中心都市への集中や上位都市群への集中が進まなかった要因になっているものと考えられる。

このように事業所サービス業，オフィスサービス業の県域内における県域中心都市への集中は，全国スケールでの東京都への集中，広域経済圏での地方中枢都市への集中ほど明瞭な形では進んではいない。とはいえ，図2-6にも明らかなように，県庁都市をはじめとする県域中心都市やその他の県内主要都市でのオフィスサービス業の集積は大きく，集積が大きいこれら都市では「特化係数」も1を超えている。一方，従業者数の集積が小さい中小都市群では「特化係数」も低い。上位都市群への集積が進行し，上位都市と下位都市との格差は広がっている。

4．東北地域にみられる都市階層分解

事業所サービス業，オフィスサービス業の地理的偏在性，そして都市間での成長格差は，都市経済全体の成長性にも影響を及ぼし，地域経済の成長格差に結び付いて，都市の人口や産業の集中・集積にも作用している。

引き続き，1980年代における東北地域の事例をみていこう。東北地域6県の

県域中心都市における県内シェアの変化をみると，1981~1991年の間に，非農林水産業従業者の県内シェアが増加した市は仙台市，秋田市，郡山市の3市，減少したのは青森市，盛岡市，山形市の3市である（表2-14）。この間に青森市では従業者数の減少さえみられた。このように非農林水産業全体ではバラツキがみられるものの，サービス業，事業所サービス業はすべての県域中心都市において県内シェアを上昇させている。製造業従業者の割合が郡山市を除くすべての県域中心都市で低下している中でも，人口はすべての県域中心都市で実数・県内シェアとも増加をみせている。この間の県域中心都市への人口集中・集積の要因の1つに事業所サービス業を中心としたサービス業の成長があることがうかがわれる。換言すれば，事業所サービス業，オフィスサービス業の集中・集積が人口やその他のサービス業の拡大を惹起し，県域内における上位都市群の成長と下位都市群での停滞ないし衰退という階層分解，さらには「一極集中」が進展してきたのである。

第5節　事業所サービス業の集中・集積と都市階層分解

1．事業所サービス業の集中・集積を契機とする都市階層分解のメカニズム

　以上のような，事業所サービス業，オフィスサービス業の集中・集積を契機とする都市の階層分解について，これまでの分析も踏まえて，やや思い切って，そのメカニズムを描けば，図2-7のようになろう。

　前章で詳しくみたように，企業を取り巻く市場環境・競争やその変化に対応する企業（大企業）の戦略・行動が「ソフト化」「情報化」の流れを興し，外部化を媒介として，事業所サービス業の拡大をまずもたらした。一方，直接部門のコスト削減は様々な側面でなされたが，その企業内地域間分業がここでは大きく影響する。東京，大都市，あるいは上位都市といった「中心」地域に中枢管理機能を，地方圏，地方都市，下位都市などの「周辺」地域に直接部門を主として配置する機能別の立地・配置が，中心における事業所サービス業の拡

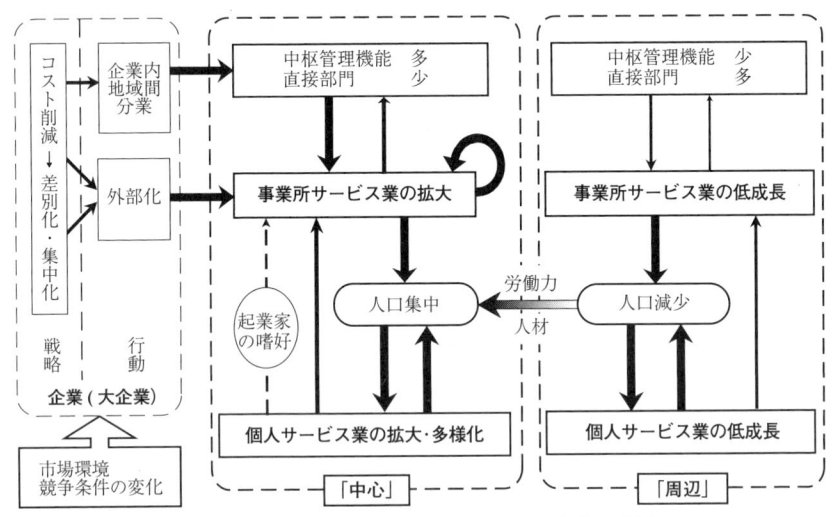

図2-7　事業所サービス業の成長と都市階層分解

筆者作成。

大を一層促した。

　事業所サービス業（たとえば情報サービス業）の拡大が別の事業所サービス業（たとえば会計事務所や警備業）を拡大させる。拡大した就業機会が人口（労働力）を吸引する。人口の拡大は個人サービス業の拡大を呼び起こす。個人サービス業の拡大は，単に一業種（たとえば美容業）の事業所・従業者数が増えるというだけではなく，たとえば，遊技場やその他の娯楽業（ダンスホール）などといった業種の種類（バリエーション）が増えることにもつながるとともに，業種ごとに提供されるサービスの種類をも増やす（たとえば，ターゲット年齢・客層の異なる多様な美容室の成立など）。これらが「中心」における消費機会の多様性をもたらす。これがまさに「都市の魅力」となり[19]，さらなる人口集中の要因となる。「都市の魅力」はITベンチャー論などで指摘されるように，起業家達を引き付け，そこでの創業を生む。その一部は事業所サービス業として機能することもあろう。また個人サービス業の拡大（企業数の増加）がさらなる事業所サービス業の拡大をもたらす。このような循環的因果

関係が事業所サービス業の一層の集中・集積と，人口やその他のサービス業の拡大を惹き起こしている。一方，「周辺」では「中心」とは逆の，まさに「悪循環」が起きており，停滞ないし衰退に陥っている。

「中心」でみられる循環的因果関係は，空間経済学でもポジティブ・フィードバック・メカニズムとして重視されている（藤田・クルーグマン・ベナブルズ，2000；藤田・久武，1999など）。既存の都市集積（多様性）がベンチャー企業の経営者・労働者を引きつけ，それが「中心」（大都市）での創業を選択させる。創業されたベンチャー企業の存在が，それとの近接を求める新たな企業の設立を牽引し，集積が進む。企業（就業機会）の集積が人口規模の拡大へとつながり，さらなる消費選択の多様性を生み出すことになり，また企業を引きつける。このような循環的な関係が大都市への地理的集中・集積を引き起こしている，と考えられている。

とはいえ，ポジティブ・フィードバック・メカニズムの説明は，地理的集中・集積が「加速化」する要因を指摘はするものの，重要な点を見落としている。加速化のメカニズムの指摘は，集積の発端やそもそもそれを生み出した経済状況を明らかにはしない。

集積の発端である既存の都市集積・多様性は，1970年代までの大都市経済の拡大がそれを生む素地を形成し，1970年代後半以降の事業所サービス業の「外部化」によって形成されていったものである。そうした事業所サービス業の存在があればこそ，現在のベンチャー企業は業務の一部を外部化することが可能であり，小規模でも設立・存立することができる。その点では近年，その拡大が注目される新興企業にとって，1970年代後半以降の事業所サービス業の拡大がその成立の重要な契機となっている。換言すれば，初期の事業所サービス業の集積が先行しているからこそ大都市への集積が地理的慣性（ロックイン効果）として継続され，それがITベンチャーのような企業をも集積させたのである。

そもそもの事業所サービス業の集積は，事業所サービス業拡大の内的論理に由来することは繰り返すまでもなく，既存企業の存在とその本社（中枢管理機

能）の集積に深く関わっている。取引上の観点だけからみれば，スピンオフによって成立した企業もそれらとの近接を求めて偶然集積したのであり[20]，「高度成長」期において形成されてきた日本経済の地域構造が，事業所サービス業の大都市への地理的集中・集積の因由なのである。それらの集積に拍車を掛けたのが，日本の事業所サービス業においては資本関係を維持し続けることが多いというスピンオフの形態であり，さらには，その背景にある「日本型雇用システム」の存在であった。

また1970年代後半以降，特に1980年代以降，日本のリーディング産業の役割を果たしてきた電気機械など組立型産業企業は，膨大な種類の，事業所サービス業や下請による「サービス」などを含んだ広義の中間財を多層的に組み合わせることによって成立している（藤田・久武，1999）。事業所サービス業や「下請」を組み合わせながら容易に利用するとともに，競争の中で効率的に組み替えて利用するためには大都市に集積することが必要だった[21]。そのため大都市への製造業，とりわけその中枢管理機能がさらに集積することとなり，事業所サービス業の地理的集中・集積を契機に，人口集中・集積をも招く循環的因果関係の「環」が強化された。こうした二重・三重に大都市への集中・集積を強化する集積の効果が，日本においては「一極集中」として現出しているのである。

2．事業所サービス業と人口・産業の「一極集中」

こうした動態的展開はこれまでの分析にみられたものであるとともに，以下にみるように，1990年代後半における各サービス業の動向からも裏付けられる。

2001年における各業種相互間で算出したジニ係数をみると，1996年に比べて，係数が上昇したものが多い（表2-15）。事業所サービス業・オフィスサービス業では軒並み係数は上昇しており，より一層の地理的集中・集積がうかがえる。東京圏（埼玉，千葉，東京，神奈川）の事業所サービス業が全国に占める割合（集中度）も1996～2001年の間に2.4ポイント上昇しており，それを裏付けている。サービス業でほとんど係数が上昇しているのも，事業所サービス業の集

表2-15 ジニ係数からみたサービス業の配置（2001年）

		A	B	C	D	E	F	G	H	I
A	人口（2000年）	0								
B	非農林水産業	.076	0							
C	サービス業	.077	.044	0						
D	個人サービス業	.056	.048	.053	0					
E	消費関連	.044	.046	.050	.034	0				
F	余暇関連	.074	.060	.065	.021	.055	0			
G	事業所サービス業	.186	.128	.115	.158	.152	.167	0		
H	オフィスサービス業	.233	.173	.165	.208	.201	.216	.050	0	
I	公共サービス業	.054	.070	.062	.058	.051	.073	.174	.223	0

注：網掛けは1996年よりも係数が上昇したもの。
資料：事業所・企業統計調査（2001），国勢調査（2000）

中・集積に牽引されたものと考えられよう。

　一方，ジニ係数の下降が目立つのが余暇関連である。「リゾートブームの反動」が大きかったものと考えられる（図1-3参照）。また人口分布との照応という点では事業所サービス業における係数の上昇がみられるのに対して，個人サービス業，公共サービス業ともに係数の下降がみられる点が注目される。一見，これらの地理的集中・集積が緩和されたかのようにみえる。

　しかしながら，循環的因果関係の環の中で，人口それ自体にも動きがある。そこで各都道府県の可住地面積を基準にジニ係数を算出し，その推移をみる（図2-8）。事業所サービス業の係数の急上昇とオフィスサービス業の係数の高さが目立っている。一方，1996年と2001年のデータに限定されるが，個人サービス業と公共サービス業とでは異なる動向を示すことが注目される。すなわち，前者で係数がわずかながら上昇するのに対し，後者では下降を示している。公共サービス業における係数の下降は，地方圏における「介護改革」にともなう福祉関連サービス業の成長などによって，公共サービス業が相対的遍在化・分散化したことによるものと考えられる。それに対して，個人サービス業のジニ係数は上昇している。東京圏への個人サービス業の集中度も0.9ポイント上昇し，個人サービス業では地理的集中・集積が進んでいる。この間には，人口

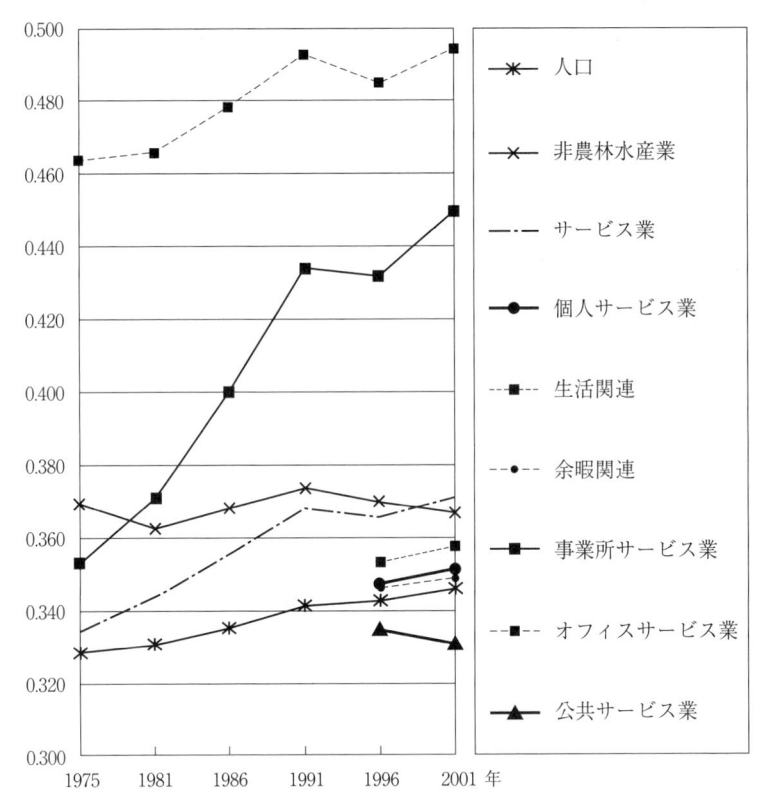

図2-8 都道府県別可住地面積と各産業間で算出したジニ係数の推移

注:人口データについて直近の国勢調査の数値による。
資料:事業所・企業統計,国勢調査

と可住地面積との間のジニ係数が上昇するとともに,人口の東京圏への集中も進んでいる(東京圏の集中度は0.4ポイント上昇)。人口の集中・集積に牽引されて,個人サービス業が集中・集積しているからこそ,個人サービス業と可住地面積との間のジニ係数が上昇し,個人サービス業と人口との間のジニ係数は下降しているのだといえよう。個人サービス業の集中・集積自体が人口を吸引しているともみなしうる。いずれにしろ,人口の集中・集積と個人サービス業の集中・集積との間に明確な循環的因果関係の環が形成されていることは間違いない。

事業所サービス業，オフィスサービス業の集中・集積を契機とし，都市階層分解を引き起こす循環的因果関係の環はこのように強固に形成されており，それがまさに「一極集中」を形成する重要な要因の1つとなっている。

　サービス経済化の進展と認識されるサービス業なかでも事業所サービス業の拡大は，日本の場合，「高度成長」期を通じて，経済的・地理的に重要な役割を果たすようになっていた製造業企業を中心とした企業（大企業）の戦略を源とするものであったからこそ，事業所サービス業・サービス業の偏在を生み，それが人口集中の契機となり，都市階層分解を引き起こす循環的因果関係の「環」を形成する。それは結果としての「一極集中」を必然化させる要因となっており，現在における日本経済の地域構造を規定しているのである。

注
1)　分析にあたっては，事業所サービス業，オフィスサービス業の従業者数を主な指標として用いる。事業所サービス業は一部の例外を除いて，依然として労働集約的産業であり，従業者数が事業所規模を規定しているとみられ，事業所数を指標とした場合，営業部門の社員が1人の営業所も，大企業の本社も，同様に一事業所として扱われるなど，産業の動態を適切に把握できないからである。富田（1977），石丸（1990）などでも同様の判断から従業者数を主な指標としている。
2)　ちなみに1960年に製造業が第1位産業であった6都府県は東京，神奈川，愛知，京都，大阪，兵庫であり，太平洋ベルトというよりも大都市を抱える都府県に限定されていた。まず大都市，次いで太平洋ベルト，その後ベルト地帯周辺へと製造業が拡大していったことがうかがえる。
3)　これは職業別就業者数からみればより明らかである。生産工程・作業労務者は職業別就業者で最多を占め（2000年で29.3%），他に比べ格段に多い。それゆえに，その動向が職業の地理的・空間的展開にも大きな影響を持っている。詳しくは加藤（2008）を参照されたい。
4)　石丸（2000）も，1986年当時，周縁部ではサービス業に特化した都市が卓越していたことを指摘し，製造業の配置との関係からそれを説明している。またローソン（1994）は，GDPに占める製造業の割合が低下し，工業生産の衰退の結果としてサービス業の就業者が増加するケースを「サービス経済化のネガティブな形態」とする。本質的には本稿の指摘と共通するものの，ここでみるように必ずしも製造業の「衰退」をともなわないケースも，地域経済や高度に国際間分業が進んだ国民

経済にはある。
5) 人口は1995年国勢調査，従業者数は1996年事業所・企業統計調査による。
6) 以下の市町村区分・市町村名は1996年当時のものである。
7) 芸北町にはスキー場が多く立地し，高宮町にはテーマパークとゴルフ場，吉和村には公園とゴルフ場が立地している。
8) 唯一の例外は東部の上下町であるが，これはクリーニングの集中処理施設（クリーニング工場）が立地することによるものである。当該工場の存在によって上下町では洗濯業（296人）がサービス業（1,281人）の約4分の1を占める。
9) 広島県内で唯一，事業所サービス業＋個人サービス業で特化するのが甲山町である。これは観光への特化とともに，公共事業にともなう土木建築サービス業の増加によるところが大きいと考えられる。工事終了とともに個人サービス業のみの特化へと変化している可能性も大きい。
10) ここで従業者数を10万人以上の小分類業種に絞ったのは，従業員規模が小さい部門ではジニ係数が極端に高くなることがあるためである。ちなみに従業員規模を限定しない場合，もっともジニ係数が高いのは「映画・ビデオサービス業」（.708，従業者数：4,654人，東京圏シェア：87.7％）であり，第6位には「下宿業」（.485，同上：6,752人，同上：6.7％）が現れる。なおジニ係数の低い部門（表2－6）については，従業員規模を限定しなくとも下位10位までは同じである。
11) 正式名称は「地域産業の高度化に寄与する特定事業の集積の促進に関する法律」（1988年制定）。1998年には新事業創出促進法に発展的に移行されている。
12) なおジニ係数が高い部門として「農林水産業協同組合（他に分類されないもの）」も含まれている。ただし，従業者数に東京圏（埼玉，千葉，東京，神奈川）の従業者数が占める割合（東京圏シェア）をみると，当該産業が他とは異なる性格を有していることが分かる。すなわち，他の部門が東京への相対的な集中の度合いが高いがゆえに係数が高くなっているのに対して，当該産業はそれとは異なった要因から係数が高くなっていることが容易に推測される。
13) これら3町村の当該産業従業者はいずれも500人を超えており，他には廿日市市に2人の従業者があるだけである。
14) ここでは協同組合については農業協同組合と事業協同組合に分類せず，一括して扱っている。
15) 「特定3業種」の呼称は『特サビ』において調査開始以来，継続して調査対象となっている3業種という意味で用いられていた。ただし現在ではバブル経済の下で特に成長の著しかった，これら業種の別称として用いられることも多い。
16) ただし，特に法律事務所については裁判制度の階層性とも関連するところがあることから，単に大企業との立地との関係だけでは説明が不十分な点もあろうこと

は付記しなければならない。
17) 東京都が全国に占める割合も4分の1強であり，全国レベルでも広域経済圏レベルでも，中心地への集中率がほぼ同じ割合を示している。偶然にすぎないかもしれないが，興味深い事実ではある。
18) とはいえ仙台市への事業所サービス業の集中は東京都にみられるような外延的拡大をともなうほどの拡大には至っていない。隣接の名取市においては事業所サービス業，オフィスサービス業のシェアの増加はみられない（表2-14参照）。
19) 「都市の魅力」に関しては井原（1973）を参照した。井原（1973）は「都市の魅力」について経済学的に評価できるのは消費生活に関するものだけであり，消費生活に関する「都市の魅力」とは，すなわち多様性であり，それは都市規模が大きくなるほど大になる必然性が存在するとした。多様性とは具体的には多様な選択の可能性であり，人口規模が拡大するにつれて，成立し得る業種数が増加すること，1つの店が扱う商品の種類が増加すること，1つの業種に属する店の数が増加すること，という3つの点であり，都市の規模（人口規模）が大きくなるほど消費の選択が多様になることである（井原，1973, p.73）とした
20) スピンオフした企業が，極端な場合，スピンオフ元企業と同じビルに入居するのも，取引上の観点だけからいえば，市場に近接するためである。
21) これについては集積による組み替えの容易性・効率性について，「調整の利益」という独自の概念を提起した藤川（1999）を参照されたい。

第3章　地方圏におけるサービス業の立地とその実態

　本章では地方圏とりわけ地方中小都市（以下，地方都市とする）におけるサービス業の立地とその実態について，詳細な検討を行う。

　事業所サービス業の立地・配置において「取り残された」状況にあった地方圏の中でも，とりわけその傾向の強かった地方都市をまず取り上げ，いわば最末端のところから，その実態についての検討を始める。二重の意味で「劣位」を余儀なくされていた地方都市においても，サービス経済化は着実に進展している。しかしながら，前章までの検討からもうかがわれるように，地方都市・地方圏でのサービス経済化は国民経済全体でみた場合や大都市のそれとは異なる特徴を有している。その実像について，サービス業が首位産業となった直後の1996年時点を中心として，詳細に明らかにしていく。

　事例地域である広島県三次市（旧三次市）[1]は広島県の北部に位置し，周辺町村（備北地域）を商圏とする商業中心地的性格を持つ地方都市である（図3-1）。人口は1960～2000年の間，約4万人でほとんど変化がなかった。人口停滞傾向にある点でも典型的な地方都市の1つである。

第1節　地方圏におけるサービス経済化の進展

　サービス業の拡大は地方圏においても進展しつつある。まず地方圏におけるサービス業の拡大について，中国地方を例に簡単に確認しておく（図3-2）。全国の第三次産業就業者が50％を超えた1975年において，中国地方の318市町村のうち，210市町村までで農業が首位産業であり，圧倒的な数を占めていた。サービス業が首位産業である市町村はわずか5市町村（鳥取県三朝町，島根県

図3-1　三次市の位置
注：ここでの備北地域とは備北広域市町村圏の範囲。

玉湯町，島根県布施村，山口県山口市，山口県長門市）であった。島根県布施村以外は，三朝温泉（三朝町），玉造温泉（玉湯町），湯田温泉（山口市），湯本温泉（長門市）といった有名温泉観光地を抱える市町である[2]。この5市町村以外では，県庁所在都市などで卸売・小売業が，瀬戸内沿岸の市部（都市）やその周辺町村で製造業が首位産業となっている以外，ほとんどの市町村における首位産業は農業であった。

　サービス業が全国で首位産業となった1995年においても，依然として農業が首位産業である町村も中国山地の各県境付近には多いものの，サービス業が首位産業である市町村が多数みられるようになる。瀬戸内沿岸の都市やその周辺町村で製造業が首位産業である状況は変わらないものの，サービス業が首位産業の市町村は84と，全318市町村の4分の1にものぼっている。各地域の商業中心地的な性格を持つ市町を中心に，サービス業が首位産業となったため，サービス業が首位産業の市町村は各地に分散する形で分布する。

　市部におけるサービス業の拡大はより顕著で，1995年には全49市中23市までがサービス業が首位産業になっている。中国地方における首位産業別の都市数の推移をみると，製造業を除けば，1970年代では農業，1980年代では卸売・小

第3章　地方圏におけるサービス業の立地とその実態　67

凡例：
- 農業
- 漁業
- 製造業
- 建設業
- 卸売・小売業
- サービス業
- 公務

(1975年)

(1995年)

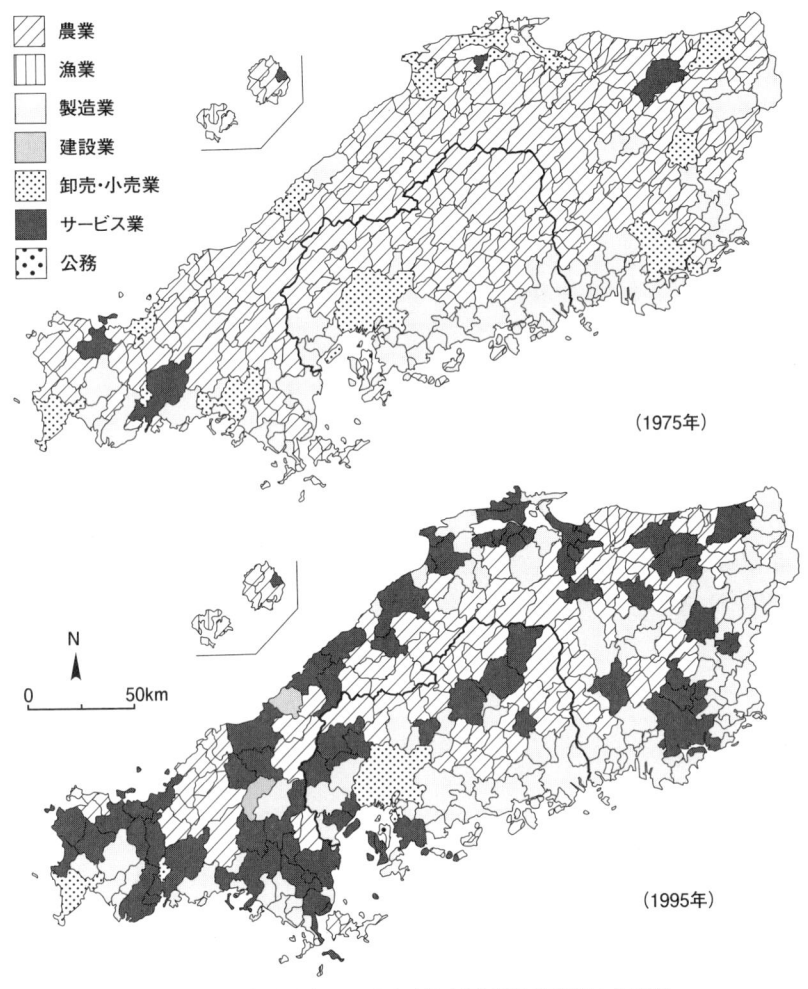

図3-2　中国地方における市町村別就業者数第1位産業

注：中国地方総合研究センター（1998. p.103）を一部改変。
原資料：国勢調査

売業，1990年代に入ってからはサービス業が首位産業である市が多い（図3-3）。1980年代までにおけるサービス経済化の中心が商業であったのに対して，1990年代とりわけ1995年以降，サービス業が地方都市においても重要な産業と

なりつつあり，しかも製造業を首位産業とする都市数を上回ろうとしている。

三次市においても，首位産業は中国地方のそれと全く同じように推移している。すなわち，1970年代は農業が首位産業であったものの，農業従業者数は急速に減少し，1980年代前半には卸売・小売業が首位産業となる（図3-4）。それもつかの間，1980年代後半以降は，急速に拡大したサービス業が首位産業となる。製造業従業者数はサービス業と同じように増加していたものの，絶対数で常にサービス業従業者数を下回り，ついに首位産業になることもなく，1990年代には減少に転じている。

このように地方圏においてもサービス経済化が進んでいる。その一方で製造業や農業が就業機会として，依然として重要な役割を果たしていることも軽視できない。図3-3においては何よりもまず，製造業が首位産業である都市が1970年以降，常にほぼ半数を占めていることが注目される。中国地方における都市の多くが瀬戸内海沿岸の工業地帯，ひいては太平洋ベルトに位置している。それらの都市では，1970年前後からすでに製造業が集積して首位産業となっていた（図3-2）。1995年代においても，その集積は維持されており，中心的な雇用機会を提供する役割を相変わらず担っている。このことは都市部だけでなく町村部にもいえる。町村部も含めた中国地方全318市町村のうち，製造業が

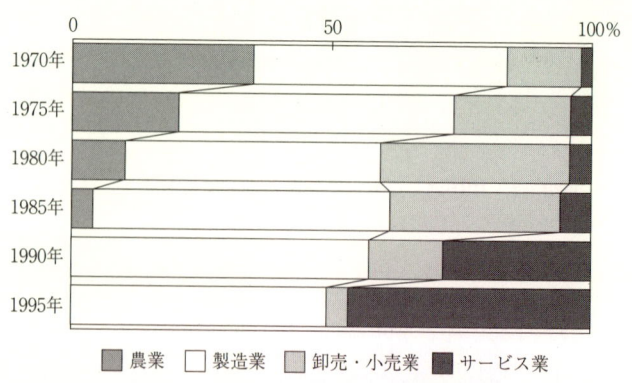

図3-3　中国地方における就業者数第1位産業別都市数（n=49）
資料：国勢調査

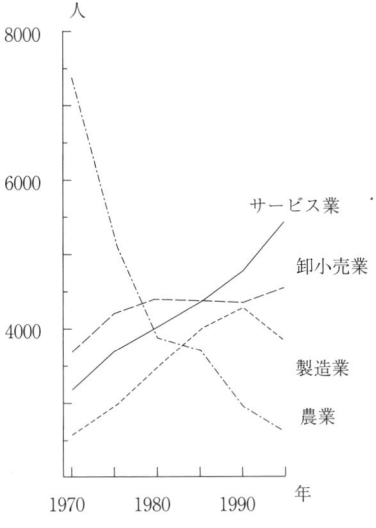

図3-4　三次市における主要産業の
　　　　従業者数
資料：国勢調査

　首位産業である市町村が117ともっとも多い。また首位産業として，製造業に次いで多いのは農業（106町村）である。農業が首位産業という都市はないが，町村部における就業機会としての農業の重要性も依然として低くはない。
　地方圏においてもサービス経済化の着実な展開は看取できるものの，全国的なサービス経済化の展開が地方圏でも同じように進行したわけではない。依然として，製造業だけでなく，農業も就業機会として重要であり，それらが首位産業である市町村の数は，サービス業が全国の首位産業となった1995年段階においても，サービス業が首位産業である市町村の数をはるかに超えている。全国，とりわけ大都市で進んだサービス経済化が地方都市でも同じように進んだと考えることには問題があるといえよう。
　地方都市におけるサービス経済化と，全国や大都市におけるそれとを同質に捉えることの問題は，次節で，広島県三次市を事例に，地方都市に特徴的なサービス業について，さらなる検討を加えることで一層浮き彫りになる。

第2節　地方中心都市におけるサービス業の特徴

1．特徴的なサービス業の抽出

　広島県三次市のサービス業就業者数は，1995年において常住地ベースで5,421人，就業地ベースでは6,443人であった（国勢調査）。どちらをベースにしてもサービス業が三次市における首位産業である。事業所統計調査（1996年）のサービス業従業者数も6,478人であった[3]。

　約6,500人のサービス業従業者が，いかなるサービス業に多く従事しているのかを捉えるために作成したのが表3-1である。ここでは，特徴的なサービス業をみるために，「立地係数」1以上かつ当該業種の従業者数がサービス業に占める割合が1％（従業者65人）以上のものを抽出した[4]。条件に該当するのは20業種であり，これらの業種の構成・内訳を詳しくみると，地方都市におけるサービス経済化の特徴がみえてくる。

　その特徴とは，①公共サービス業の大きさ，②高い公営事業所比率，③農業・建設業と直結した事業所サービス業，④移出型サービス業の欠落，である。以下，順にみていく。

2．公共サービス業の大きさ

　三次市における主要サービス業20業種のうち，病院や診療所，福祉事業，さらには小学校，高等学校などの公共サービス業が11業種までを占めている。何よりもまず，この公共サービス業の比重の大きさが三次市の特徴であり，それは地方圏に共通する特徴でもある。

　サービス業従業者数に占める公共サービス業従業者数の割合をみても，三次市では公共サービス業従業者数が過半を占める（図3-5）。1996年における三次市の公共サービス業従業者はサービス業従業者数の51.7％に達する。同年の全国におけるその割合は42.9％で，三次市が約9ポイント上回っており，同市

第3章 地方圏におけるサービス業の立地とその実態 71

表3-1 三次市の主要サービス業（1996年）

		1996年		立地係数
		事業所数	従業者数（公営）	
個人サービス業	洗濯業	36	193(0)	1.17
	理容業	60	124(0)	1.15
	美容業	81	177(0)	1.04
	スポーツ施設提供業	6	136(0)	1.06
事業所サービス業	自動車整備業	24	201(0)	1.46
	産業用機械器具賃貸業	6	77(0)	1.80
	土木建築サービス業	34	447(163)	2.00
	農林水産業協同組合（他に分類されないもの）	20	479(0)	3.06
	警備業	5	114(0)	1.06
公共サービス業	一般廃棄物処理業	7	119(45)	1.53
	病院	7	871(395)	1.41
	一般診療所	31	339(5)	1.38
	その他の医療業	2	93(0)	5.02
	児童福祉事業	23	343(129)	2.02
	老人福祉事業	6	217(0)	2.49
	小学校	18	253(253)	1.20
	高等学校	2	169(169)	1.07
	専修学校，各種学校	3	71(24)	1.27
	その他の教育施設	5	65(16)	1.16
	仏教系宗教	42	89(0)	1.32

注：「立地係数」＞1，サービス業に占める割合＞1％（ともに従業者数ベース）の業種をあげた。
資料：事業所統計調査

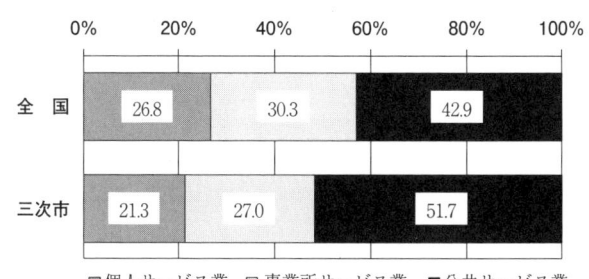

```
              0%    20%    40%    60%    80%   100%

  全 国       |  26.8  |   30.3   |      42.9        |

  三次市      | 21.3 |  27.0  |         51.7           |
```

■個人サービス業　□事業所サービス業　■公共サービス業

図3-5 公共サービス業の割合（1996年）
資料：事業所統計調査

の公共サービス業の大きさは明らかである。

地方都市，ひいては地方圏におけるサービス経済化は，その「社会性」ゆえに遍在している公共サービス業への特化に特徴付けられる。市場環境・競争条件の変化とそれへの対応によって拡大してきた事業所サービス業に特化しながら進んできた全国や大都市におけるサービス経済化とは性格が大きく異なり，両者を同一視することはできない。両者の差異はまずこの点に明らかである。

3．高い公営事業所比率

公営事業所（国または地方自治体によって運営される事業所）のサービス業に占める割合が高いことも地方都市における特徴の1つである。

表3-1をみても，公共サービス業11業種の従業者には公営事業所の従業者が多く含まれている。その他の医療業，老人福祉事業，仏教系宗教の3業種以外の業種にはすべて公営事業所従業者が含まれており，小学校，高等学校では従業者すべてが公営事業所従業者である。また事業所サービス業のうち土木建築サービス業にも163人の公営事業所従業者が含まれている。

このように主要なサービス業にも多く含まれる公営事業所従業者の数は，三次市のサービス業全体では1,606人にものぼり，サービス業従業者の24.8%までに達している。公営事業所従業者の割合は三次市の場合，公共サービス業において42.0%を占め，全国（35.1%）を約7ポイント上回っている（表3-2）。こうした傾向は三次市だけに限定されるものではない。地方圏におけるサービ

表3-2　公営事業所の割合

(単位：%)

	全国	三次市
非農林水産業	8.3	11.2
サービス業	16.4	24.8
個人サービス業	2.1	0.0
事業所サービス業	2.6	11.3
公共サービス業	35.1	42.0

資料：事業所統計調査

ス業全体に占める公営事業所従業者の割合は相対的に高い。中国地方でいえば，1996年において，全49市のうち38市までで，サービス業における公営事業所従業者の割合が全国のそれを上回っている。

　公営事業所はサービス業に携わるとはいえ，その社会的・法律的な地位は「公務」ないしはそれに準ずるものである。その運営資金などは財政から支出されているものがほとんどであり，その経済的な特質からみても一般に公務とみなされる事業所が多い。実際に，これらの事業所に従業する「公務員」も多い。それら公務員は「役所」の部署に属する限りは公務従業者に分類されるが，清掃事務所など「現業部門」に配属されるとサービス業（一般廃棄物処理業）従業者に区分されることになる。同じ理由から，土木建築サービス業には建設省工事事務所などに従業する国家公務員が含まれる。これとは逆のケースも存在する。学校で教師として働く教員はサービス業従業者であるが，学校を離れて教育委員会に配属されれば，それは公務従業者になる。こうしたことが生じるのは，公営事業所であっても「実際に行う業務により公務以外のそれぞれの産業に分類される」（総務庁統計局統計基準部，1993, p.610）からである。

　こうした公営事業所従業者（1,606人）がサービス業全体の約4分の1までを占めており，公務（691人）の2.3倍にも達していることから，ここでのサービス経済化は「公務の肥大化に過ぎない」と捉えることもできる。こうした地方都市のサービス経済化と，全国や大都市のそれとを単純に同じものとは捉え難いことも論を待たない。

4．農業・建設業と直結した事業所サービス業

(1)　三次市で特徴的な事業所サービス業

　三次市においても，事業所サービス業のある程度の拡大はみられた。しかし，その数や性格はかなり限定的である。ここでは，三次市の事業所サービス業についてより詳細に検討していく。

　三次市の主要サービス業には，自動車整備業，産業用機械器具賃貸業，土木建築サービス業，農林水産業協同組合，警備業という5つの事業所サービス業

が含まれている（表3-1）。しかし、その業種名から一見して明らかなように、三次市に立地する事業所サービス業は、1980年代におけるサービス業の拡大を牽引してきた情報サービス業などの業種ではなく、農業や建設業に直接関連する事業所サービス業である。しかも、それが担う機能やその内実は、上位都市における事業所サービス業の機能・内実とは異なる点が多い。

事業所サービス業の中でもっとも従業者数が多いのは農林水産業協同組合である。そのほとんどを三次市においては農協が占めている。農協の広域合併の下で、地方都市の農協は周辺町村部の農協を吸収・合併する形で拡大し、相対的にその地位を高めている。合併した農協の本所が所在する地方都市においては、これまで以上に農協が地方都市の重要な中心的都市機能となっている。三次市でも1991年に三次市と周辺6町村（君田村、布野村、作木村、吉舎町、三良坂町、三和町）の農協が合併して三次農協が成立した。三次農協の本所として、三次市の農林水産業協同組合事業所はその従業者数を相対的に拡大させ、三次市の主要なサービス業として存立している。

次いで従業者数の多い事業所サービス業は土木建築サービス業である。土木建築サービス業は「設計監督、建築設計、測量などの土木・建築に関する専門的サービスを行う事業所」（総務庁統計局統計基準部、1993）であり、土木・建築業、建設業と直結しているサービス業である。地方圏における建設業の比重の大きさは、これまでも指摘されてきた通りであり、三次市でもそうした状況に変わりはなかった。三次市の地域経済における建設業の大きな比重が土木建築サービス業を三次市の主要なサービス業へと押し上げていた。

地方圏、あるいは地方都市の建設業の多くが公共事業によって支えられてきたことは周知の通りである。三次市でも公共事業の比重は大きく、それは土木建築サービス業従業者数の3分の1以上が公営事業所従業者であることにも現出している。というのも、これらの公営事業所はいずれも建設省および広島県の工事事務所・土木建築事務所という公共事業の設計・監督などを行う現業機関だからである[5]。「公務の肥大化に過ぎない」サービス経済化の進展がここにも現れている。

(2) 産業用機械器具賃貸業の実態

土木建築サービス業と同様に，その実際の機能は限定されたものであり，かつ公共事業への依存性を示している事業所サービス業として注目すべきは産業用機械器具賃貸業である。産業用機械器具賃貸業は，レンタル・リース業（物品賃貸業）の1つであり，レンタル・リース業は1980年代に情報サービス業，広告業とともに顕著な拡大を示した「特定3業種」の1つとして，『特サビ』の調査対象として長らく注目されてきているとともに，その産業支援機能が積極的に評価されてきた産業である。

しかしながら前章で指摘したように，また三次市がそうであるように，地方圏において特化するレンタル・リース業は実は産業用機械器具賃貸業であった。産業用機械器具賃貸業の相対的に大きな比重の背景にも，先に指摘したように公共事業に依存する建設業の存在がある。これについて産業用機械器具賃貸業の実態調査の結果から詳述していく[6]。

実態調査で有効な回答を得られた産業用機械器具賃貸業の7事業所は，建設業関連の機械・資材のレンタルを行う業者である[7]。これらは，それが本来属する産業分類によって，次のように3つに区分できる（表3-3）。すなわち，

表3-3 三次市の産業用機械器具賃貸業

事業所	性格	従業者数	売上高(億円)	売上構成（％）			売上地域（％）			納入現場（％）	
				賃貸	販売	その他	三次	備北	その他	公共	民間
A	本社	4	0.6	100	0	0	100	0	0	100	0
B	支社	6	1.5	70	30	0	60	40	0	60	40
C	本社	11	3.8	50	20	30	20	60	20(広島市他)	70	30
D	支社	20	−	70	30	0	100		0	80	20
E	本社	20	7.0	30	0	70	5	5	90(広島市)	30	70
F	単独	10	3.0	20	60	20	70	30	0	70	30
G	単独	40	−	5	0	95	10	90	0	90	10

資料：聞き取り調査結果（1999年5月）

①建設機械・資材などのレンタルを主たる業務とし，産業分類上も産業用機械器具賃貸業に属する4事業所（A～D），②産業用機械器具のレンタルを副業として行っている2事業所（E～F），③産業用機械器具には属さない仮設トイレのレンタルを行う1事業所（G）である。②のうち，事業所Eは仮設足場のレンタルと組立・解体を行う業者である。組立・解体の売上が70％を占めるため，産業分類上は建設業（とび・土工・コンクリート工事業）に含まれると考えられる。また事業所Fも売上構成での販売の比率が高いため，産業分類上は卸売・小売業に含まれる。とはいえ，いずれも三次市の産業用機械器具賃貸業の現状をみるのに十分な参考となりうる。また仮設トイレのレンタル業者（事業所G；一般廃棄物処理業）もレンタル先のほとんどが建設現場であり（聞き取りによる），産業用機械器具をレンタルしているのと何ら変わりがない。その点で調査結果は厳密には産業用機械器具賃貸関連業に関するものである。

さて，調査対象事業所の現状をみていこう。従業者数には直接レンタル業務には従事しない従業者も含めて示してある。そのため専業事業所の従業者規模はやや小さい。もっとも副業事業所を含めても従業者数最多は事業所Gの40人に過ぎない。10人以下の事業所も3事業所あり，いずれも従業者規模は大きくはない。支所や本社を含めた全社規模でも60人が最多である。

年間売上高では事業所E以外は4億円以下となっており，レンタル関連の売上だけでみれば，いずれも2億円に満たない業者である。年間売上高においてもその零細性が指摘できる。産業用機械器具賃貸業の平均売上高（一事業所当たりの収入金額）は2.9億円（サービス業基本調査・1999年）であり，対象事業所のレンタル関連の売上高は総じてそれよりも低かった。

単独事業所も含めて本社が三次市にある事業所は5社である。他の2社も広島県内の企業であり，本社は隣接する庄原市（事業所D）と広島市（事業所B）にある。三次市の当該業種には，全国的な展開をする専業の大手業者の進出もなく，「各地域に根差した零細業者が非常に多い業界である」（日経産業新聞，1999年4月2日）という特徴がはっきり認められる。

調査対象事業所における地域別の取引，納入先の性格をみると，事業所の取

引先業者の所在地と機械・資材の納入先地域とが大きく離れていることはほとんどない。しかもそれは，事業所Eを除いて，地域的には三次市かその周辺市町村を含む備北地域に限られる。建設機械など大型機械の輸送費は単位距離当たりでかなり高額になるため，レンタル機械を長距離輸送するということは珍しい（聞き取りによる）。営業範囲が狭隘であることがローカルな業者でかつ零細業者が多いという業界構造にも結び付いている。

　レンタル機械の搬送先（納入現場）は，その多くが公共事業による建設現場であった。三次市の建設機械レンタル業者は域内の公共事業を基盤に存立しているのである。事業所Eだけは住宅建築現場などでの仮設足場のレンタル・組立などを行っているため，売上先地域も一般住宅建築を行う業者（工務店）の多い広島市内が主であり，納入先も住宅建設が進む広島市内の民間の建築現場となっている。

　公共事業の現場への納入が圧倒的比重を占めるとはいえ，調査対象事業所の取引先は地場建設業者であって，大規模な公共事業の落札先である大手ゼネコンなどとの取引実績はほぼ皆無である（聞き取りによる）。三次市のレンタル業者は地元の下請建設業者の補完的な利用によって成立しているのであって，その点で限定的な機能を担っているに過ぎない。というのも，大規模事業の入札への参加資格を有するのは，保有設備・技術などの点で高いランクにある企業（大手ゼネコンなど）に限られている。こうした企業はすでにかなりの機械を保有しており，レンタル機械を利用することは少ない。これに対して，その下請として指名される地場建設業者もある程度の保有設備はあるものの，工事期間（納期）や保有する機械の故障などの問題に対処しなければならないことが多く，保有設備以外の機械を緊急に使用する必要が生ずる。こうした場合に機械レンタルが利用され，それが三次市のレンタル業者へと発注される。こうした補完的な業務が三次市のレンタル業者の存立基盤となっている。それは市場規模も限られたものであり，レンタル業者はある面では「ニッチ産業」であるともいえる（聞き取りによる）。

　このように三次市の産業用機械器具賃貸業は公共事業との連関の中で存立し

ているに過ぎず，しかも，その中で限定的な役割を担うにとどまっている。

警備業についてもレンタル業者と同様の特質を指摘できる。三次市の警備業の主な業務は道路警備である（間接的な聞き取りによる）。道路警備は工事現場などでの交通整理や誘導などを行うもので，建設業の補完的業務が主である。建設業が公共事業に依拠している限りは，警備業も公共事業からの連関に組み込まれることによって成立し得るのである。

三次市の事業所サービス業は，このように農業と直結した農協，建設業と直結する土木建築サービス業，産業用機械器具賃貸業，警備業などに代表される。地方の地域経済において重要な地位を占めていた農業，建設業との結び付きによって存立していたといっても過言ではない。農業，建設業と財政との密接な関係は周知の通りであり，三次市の事業所サービス業は全国的な財政トランスファーから生ずる連関の下で，その末端に位置することによって，なんとか成立しているに過ぎない。事業所サービス業といえども，土木建築サービス業のように公営事業所の占める割合が少なくない上，産業用機械器具賃貸業や警備業のように，需要の面で公共事業・公共投資に依存しているのである。前節で指摘したのと同様，民間部門を主体とする全国や大都市のサービス経済化と同質には捉えることができないものであることが，ここにおいても看取される。

5．移出型サービス業の欠落

地方都市のサービス業では移出型のサービス業がほとんど存在しない点も特徴であり，この点が大都市と地方都市のサービス業の決定的な違いである。事業所サービス業にみられたように，三次市の主要サービス業はほとんどが三次市域か，あるいは備北地域をサービス圏とする非基盤産業である。基盤産業（移出産業）としての役割をも担う大都市の情報サービス業などとの違いは明らかである。

個人サービス業でも，三次市では洗濯業，理容・美容業という「伝統的分野」が中心である。これらは零細業者によって担われ，その専門性（資格制度）と「地域市場」とを基盤に存立している（飯盛，1987)[8]。これら業種に

は固定客が多く，固定客は店舗の周囲（徒歩圏内）に居住する場合や，店舗の周囲で就業している場合が多い。また居住地と就業地の間（通勤・通学路沿い）や居住地と商業地の間（買物途中）の店舗が利用され，それが固定客となることも多い（理容業者への聞き取りによる）。したがって，これらの「地域市場」は通勤・通学圏や小売商圏と重なる。行政域を越えたサービス圏が形成される場合はあるものの，そのサービス圏域は小売商圏と同様，周辺町村までに限定されたもので，一般に移出産業と呼べる役割までを担うものではない。

三次市の主要サービス業の中では唯一，移出産業としての性格が濃厚とみられるのがスポーツ施設提供業，なかでもゴルフ場である[9]。三次市のゴルフ場においては，三次市・備北地域からの利用者よりも広島市からの利用者の方が多い（ゴルフ場への聞き取りによる）。

ところが，バブル崩壊以降の長期的な景気低迷と競争激化の中で，ゴルフ場業界では全国的に，正社員・社員キャディーのパート・アルバイトへの切り替えや，キャディーを付けない「セルフプレー」の導入などによる人員削減が図られており，70％以上のゴルフ場で人員の削減が現実化している（日経産業新聞，1999年7月28日）。ゴルフ場の雇用は地方圏にあっては比較的大きなものではあるが，今後ともそうであり続けるかは，地域ごと，ゴルフ場ごとに多様な展開をみせることが予測され，不透明である。

これ以外の業種はいずれも非基盤産業と位置付けられる。サービス業そのものがもともと非基盤産業としての性格が強いとはいえ，大都市には移出産業として機能しているとされる事業所サービス業もある。こうした移出型のサービス業が地方都市には存在しないことも，大都市と地方都市とにおけるサービス業の決定的な差異である。

以上のように，国民経済・大都市レベルと地方都市とのサービス経済化には，公共サービス業の大きさ，公営事業所比率の違い，事業所サービス業の性格，移出型サービス業の有無，さらには地方都市における製造業雇用が依然として高い意義を持つなどの諸点で相違がみられる。地方都市においてもサービス業就業者が絶対的・相対的に拡大し，首位産業になったからといって，それをも

って地域間の「平準化」がなされたと捉えることはできない。地方都市のサービス業は「公的」部門に直接支えられているか，域内の「公的」部門への財政トランスファーにもとづく投資からの二次的・三次的波及効果によって何とか成立したに過ぎないとさえ評価できるものであり，その点で財政資金の地域循環に強く規定されたものなのである。

第3節　公共サービス業の拡大と地域経済循環

　前節までに明らかになったように地方都市でのサービス経済化は多くの点で全国的な傾向と異質な点があるものの，今後もサービス業の拡大，とりわけ公共サービス業の絶対的・相対的拡大は進展していくことであろう。

　その要因の1つとして，高齢化社会の到来とその対応である介護保険制度導入とを契機とした介護サービス部門（老人福祉事業など）の拡大があげられる。三次市の主要サービス業の中でも1996年において「立地係数」が5.02ともっとも高く，1991～1996年の間に病院（153人増）に次いで就業者数の増加が大きかった「その他の医療業」（71人増）には，老人保健施設・老人訪問介護ステーションなどが含まれており，地方都市での介護サービス部門の拡大は現実のものとなっている。

　こうした点からも，地方都市圏における介護サービス部門を中心とした介護ビジネスの動向を検討しておくことは意義がある。そこで本節では，近年の地方圏におけるサービス業の拡大を牽引している介護ビジネスについてみていく。地方圏で特化する公共サービス業の拡大の実態をみるとともに，それが孕む問題点を浮き彫りにするためである。

1. 介護ビジネスの拡大による地域経済効果

　介護ビジネスの拡大とそれがもたらす地域経済への効果を評価していくにあたって，2000年の介護保険制度導入を前に，マクロ経済における高齢者福祉分野の内需拡大効果を分析した大守ほか（1998）を参考にして地域経済への効果

を考察する。大守ほか (1998) では「福祉は負担である面は否定できないが，同時にそれは需要であり機会である。(中略) 福祉に関して適切な制度的環境が整備されれば需要が増加し日本経済の活性化につながる可能性が十分にある」(p.42) として，介護保険制度導入を軸とした介護改革のマクロ経済効果として次の3点をあげている。それらは，①需要誘発効果・生産誘発効果，②労働解放効果，③リスク・プール効果である。

ここではさしあたり，大守ほか (1998) の内容そのものの検討には触れず，そこで指摘された経済効果が基本的にはマクロ経済レベルでは作用するものと考え，これがサブ・ナショナルなスケールの地域経済においても，同様に効果をもたらすのか否かを中心に検討する。

(1) 需要誘発効果・生産誘発効果

福祉を産業（ビジネス）として捉えた場合，それには何らかの投入とそこからの産出があることから産業連関効果が作用する。当然，それには需要誘発効果や生産誘発効果もある。

大守ほか (1998) では「福祉への支出が増加した場合，その効果としてもっとも大きく作用するのは，当該部門で就業する雇用者の所得増加に対してである。福祉サービスは労働集約的であるため，直接人々の所得増加につながる部分が大きいからである」とする (p.43)。この点に関しては，マクロ経済と地域経済の間に大きな差異はない，と考えられる。

しかし，所得効果を除く波及が地方都市圏経済に直接もたらされるとは考えにくい。

所得に次いで効果が大きいのが建設部門への波及である（大守ほか，1998）。施設整備への投入が大きいことが背景にある。これに次ぐのが，卸売業，その他の事業所サービス業，鉄鋼・非鉄金属，電気機械への波及である。鉄鋼・非鉄金属，電気機械は福祉施設整備からの波及であることは容易に推測される。卸売業とその他の事業所サービス業の場合も福祉施設の設備（様々な備品・用品など）への投入から波及が生じるのであろう。

ただし，建設部門への投入はその規模が大きければ大きいほど，建設の担い手が大手建設業者となることはいうまでもない。福祉施設の建設はそれほど大規模ではない場合も多く，地元建築業者が担う場合もあろう。とはいえ，その場合でも建設にともなう原材料購入などの効果（上記では，「鉄鋼・非鉄金属」などへの波及がこれに相当）は地域外への波及の方が圧倒的に大きい。これらの原材料を取り扱う卸売業（専門商社）は県庁所在都市，地方中枢都市に立地しているからである。同様に介護機器類を取り扱う卸売業の多くも，県庁所在都市，地方中枢都市に立地しており，施設整備への投入が地方都市へ直接的な波及となることはほとんどないとみられる。

　このように，介護ビジネスの拡大にともなう地方都市圏における地元地域経済への波及効果は，直接雇用の所得効果を除けば，相当に小さいものと考えられる。

(2)　労働解放効果

　大守ほか（1998）では，労働解放効果について「介護の社会化が進めば，これまでの家庭内介護が社会的な介護により代替されるので，介護退職が減少し，女性の労働力率が上昇する。労働供給の増加は日本経済の生産能力を増加させる」(p.43)としている。

　日本においては一般に，家庭内における介護の「しわ寄せ」が女性に集中してきた。そこからの「解放」が進み，介護退職を強いられるような状況が緩和される可能性は「社会的」には積極的に評価されるべきことであろう。しかしながら，言うまでもなく，労働力供給が増えても就業機会が増加する訳ではない。とりわけ，相対的に就業機会の乏しい現在の地方都市圏においては，そのことがなおのこと当てはまる。

　しかも前述の通り，現在の地方都市圏において雇用成長がもっとも著しいのが介護サービス部門である。その現場でもっとも必要とされているのはヘルパーであり，その多くはパート・契約社員であり，正社員の割合は20％程度に過ぎない。収入では正社員は月収15万〜25万円である一方で，パートでは5万円

以下にとどまる（日経産業新聞，1999年5月2日）。そのため介護関連企業に職を求める中高年男性はいるが，給料などの面で折り合いがつかないケースも多く，いわゆる「雇用のミスマッチ」が生じており（日経産業新聞，1999年5月2日），現実には不安定就業型・女子雇用型職種となっている。

とはいえ，就業機会の相対的に乏しい地方都市圏において就業機会を求めれば，こうした職種にパート・契約社員として就かざるを得ないのが現実である。介護の「しわ寄せ」を一身に受け止めていた女性が，労働解放効果によって社会進出した先は，介護サービス部門におけるパートや契約社員であった，ということも十分に予想される。しかも，それは，自身ないしは家計構成者による「多就業」を前提としてこそ可能である。実際にヘルパーのうち，家計収入を中心になって支えているのは4分の1に過ぎない（日経産業新聞，1999年5月2日）。自身ないしは家計構成者による「多就業」を前提とした就業機会の獲得によって進む労働力率の上昇が，積極的に評価できるものかどうかについては疑問があると言わざるを得ない。

こうした「雇用のミスマッチ」や「多就業」形態といった，いずれも低い賃金水準にもとづく問題は，工業の地方分散にともなう地方圏での雇用問題と共通している[10]。地方都市において介護サービス部門が雇用の受け皿となるとは考えられるが，こうした問題を内包していることを看過してはならない。

労働解放効果は「社会的」な意味では否定されるものではないが，地方都市圏における雇用状況も考え合わせれば，それを単純に首肯することもできない。

(3) リスク・プール効果

大守ほか (1998) のいうリスク・プール効果とは，次の通りである。すなわち，「公的介護保険ができることによって，老後に要介護状態になることにともなう経済的リスクが社会的にプールされる。個人個人で要介護状態にともなう出費に備えて貯蓄する場合に比べ，社会的に備える場合の方が準備に必要な金額は少なくて済む。マクロ経済の立場からみると過剰な貯蓄が少なくなり，消費性向が上がり，総需要が喚起される」(p.44)。つまり「老後の安心」が

現在の消費拡大につながる，ということになる。

　しかし，実際に公的介護保険が導入されたことによって，こうした効果があった例は報告されていない。むしろ「初年度の混乱ぶりが，かえって先行きへの不安を国民に抱かせる結果となった」（日経ビジネス，2000年12月11日号）。こうした，いわば社会不安は経済的な問題という以上に社会全体のセーフティ・ネットの問題であり，全国でも地方でもその空間的スケールに関係なく広がった。

　いずれにしろ，現行制度の導入によって「老後の不安」がかえって露呈した。したがってリスク・プール効果はマクロレベルにおいても，地域経済レベルにおいてもみられないのが現状である。

2．介護ビジネスの拡大が内包する問題

　地方都市圏において急速な拡大をみせつつあり，地域経済発展に対して諸効果を望めるかにみえる介護ビジネスではあるが，その効果は雇用所得の増加だけにとどまるといえよう。しかも，その雇用は従来からの地方圏における雇用の問題，つまり不安定就業型・女子雇用型雇用が中心であるという問題を抱えたままである。こうした問題点は，工業の地方分散にともなう問題と共通する。地方都市圏において介護サービス部門が雇用の受け皿となって拡大していくことによって，直接雇用者の所得増加によって地域経済の「成長」に寄与することにはなろう。しかしながら，その「成長」がここでみてきたような問題を内包していることを看過してはならない[11]。

　しかも，雇用者所得の増加が地域経済「成長」に直接つながるとも限らない。現在の地域経済循環システム，サービスをめぐる地域的循環の下では，そうした所得が域内で循環せずに，全国的な所得の循環に組み込まれる可能性が高いからである。介護ビジネスへの投入が建設業，介護機器産業などを通じて，域内よりも域外に強く波及していくように，介護ビジネス自体の大企業化・系列化が，全国的な所得循環への包摂に拍車を掛けることも考えられる。

　地方圏における介護ビジネスが拡大を続けることは事実であろう。とはいえ，

それが単純に評価できるものではないことも事実である。

第4節　小括

　地方圏においても事業所サービス業の立地・配置は地理的偏在性を有しており，それは上位都市への集中という形になって現れている。こうした事業所サービス業の配置から「取り残された」地方中小都市においてもサービス経済化は進んでいる。とはいえ，それは公共サービス業の大きさ，公営事業所比率の高さ，公共事業・公共投資に支えられた農業・建設業と直結し，その連関の中で存立する事業所サービス業の特徴，移出型サービス業の不在といった点で，国民経済・大都市レベルのサービス経済化とは特徴が大きく異なるものであった。地方都市のサービス業は「公的」部門に直接支えられるか，域内の「公的」部門への財政トランスファーにもとづく投資からの波及によって何とか成立しているに過ぎないとさえいえよう。となれば，財政トランスファーの縮小がもたらす影響はいわずもがなであり，そうした影響を地方都市のサービス業は強く受けていると考えられる。

　そんな中で1990年代後半以降，地方都市圏においては「介護改革」にともなう介護ビジネスの拡大もみられ，地域経済への波及効果も喧伝されてきた。しかしながら，それは手放しで評価できるものとは言い難い「問題」も抱えている。雇用者の所得増加などがみられるとしても，それは所得の全国的循環に強く組み込まれていることから，それが地域経済活性化の「起爆剤」に直接なるとは考えにくい。所得の地域的集中・集積をもたらす循環的因果関係の「環」は言うまでもなく強固なものだからである[12]。

注
1)　旧三次市は「平成の大合併」により2004年4月1日から旧君田村，旧布野村，旧作木村，旧吉舎町，旧三良坂町，旧三和町，旧甲奴町を合併して，新たな三次市となった。ここでは旧三次市を対象に分析する。以下の本章では，煩雑さを避ける

2) 布施村は隠岐諸島・島後にある人口1,000人を切る小規模村である。2000年の人口は522人（国勢調査）で，全国でも10番目に少なかった。特に盛んな産業がないこともあって，相対的にサービス業従業者が多くなる，ネガティブなサービス経済化がこの段階から進んでいたと考えられる。なお2004年10月1日から五箇村，西郷町，都万村と合併して，隠岐の島町となっている。

3) 以下，本章では特に断りのない限り，事業所統計調査の数値を用いる。事業所統計調査は1996年以降，事業所・企業統計調査として実施されている。ただし本章ではそれ以前の数値も多く用いるため，年次による区分はせず「事業所統計調査」とする。

4) なお，ここでは「立地係数」をサービス業内での特徴をより明確に示すため，（三次市の各業種が三次市のサービス業に占める割合）÷（全国の各業種が全国のサービス業に占める割合）で算出した。

5) 当該事業所は1996年に5事業所あった。建設省中国地方建設局三次工事事務所，同三次出張所，同三次国道出張所，広島県三次土木建築事務所，同北部地域開発事務所が該当する。

6) 調査は1999年5月に実施した。調査にあたってはまず，日本電信電話㈱（1998）からレンタル・リース業のうち，産業用とみなせる業務を行う15事業所をリストアップした。うち2事業所はリネン・サプライ業者であったため対象外とした。残る13事業所を調査対象として，直接訪問しての聞き取りを依頼・実施し，7事業所から有効な回答を得た。

7) 1996年の事業所統計調査によると三次市の産業用機械器具賃貸業は6事業所である（表4-1参照）。6事業所中，回答が得られた4事業所と，回答を得られなかった2事業所は，すべてが建設用機械器具賃貸業であった（聞き取り，間接的な聞き取りによる）。

8) 零細サービス業の存立基盤としては「専門性」，「地域市場」のほかに，「下請業務」がある（飯盛，1987）。

9) スポーツ施設提供業従業者136人中114人までがゴルフ場の従業者である。そのほかにはゴルフ練習場で21人，バッティングセンターで1人が従業するのみである。

10) これに関しては，末吉（1999）が経済地理学における傑出した成果として位置付けられる。

11) 飯盛は一連の研究（1998など）で，サービス業（特に民間サービス産業）の拡大が不安定就業を拡大することを繰り返し述べている。「介護改革」の下で，公共サービス業においても不安定就業形態が広がりつつある，ともいえよう。

12) この点については千葉・藤田・矢田・山本編著（1998）を参照されたい。情報サービスをめぐる所得の地域的集中については第7章でその実態をみる。

第4章　地方中枢都市における情報サービス業の展開

　本章以降では，1980年代に入って急速な拡大をみた情報サービス業を分析の俎上に載せ，当該産業の地域的展開とその特徴について検討し，主として地方圏，特に拡大の著しかった地方中枢都市における当該産業の特質を明らかにしていく。

　ここで特に地方中枢都市を取り上げるのは，地方中枢都市が地方圏において確固たる地位を持ち，事業所サービス業立地の「恩恵」を受けていたからである。とはいえ，そうした地方中枢都市におけるサービス経済化の進展も，その内実においては積極的な評価を与えがたい側面を有している。なかでも「成長」の著しかった情報サービス業の拡大は，政策的にも「期待」が寄せられ，「戦略的サービス産業」として積極的な評価を受けていた。しかし，その量的拡大という事実を，実態に即してみると，単純に積極的な評価を下せるような内実を有しているとは言い難い。全国的にも地方中枢都市においてもサービス経済化を牽引した情報サービス業を対象にすることによって，その質的側面における問題点がより一層浮き彫りになる。

　本章では仙台市の情報サービス業，なかでもソフトウェア産業[1]を対象にした実態調査の結果[2]に基づき，1980年代における仙台市におけるソフトウェア産業の展開とその諸結果を，資本関係，取引構造の側面を中心に詳細に分析・検討し，上述の点を明らかにしていく。

第1節　情報サービス業の拡大と地域的展開

1. 1980年代における急成長と東京一極集中

　仙台市のソフトウェア産業について詳述するに先立ち，まず1980年代までの当該産業を含む情報サービス業の全国的な動向について概観しておく。

　情報サービス業は1970年代以降，とりわけ1980年代に急速な拡大を遂げた（表4-1）。1972年に全国で1,402に過ぎなかった事業所数は，1991年には19,935事業所に増加した。従業者数は53,865人が656,724人と12.2倍にもなった。特に1980年代に入ってからの拡大は急で，1981～1986年の5年間には事業所数，従業者数ともに2倍以上に増加した。1986～1991年の間の伸び率は，1981～1986年の間に比べてやや低下したものの，依然として2倍に近い伸びを示した。売上高は事業所数，従業者数よりも高い伸びを示し，1980年から1990年の間に9倍近く増加した[3]。

　事業所数をはじめとした3指標では急速な拡大をみたものの，労働生産性の伸びは低水準にとどまっていた。ソフトウェア産業の労働集約的な特質には変化がみられなかったのである。『特サビ』によれば，1975～1990年の15年間に年間売上高は21倍に増加したのに対して，1人当たり年間売上高は2.6倍の増

表4-1　情報サービス業の推移

	全国		宮城県	
	事業所数	従業者数	事業所数	従業者数
1972年	1,402	53,865	15	509
1975年	2,463	74,235	34	1,148
1978年	3,391	101,954	41	1,077
1981年	5,133	157,542	77	1,712
1986年	11,174	335,234	187	4,193
1991年	19,935	656,724	384	9,456

資料：事業所統計調査

加にとどまった。この間の物価上昇を考慮すれば、当該産業における生産性の上昇は低い水準にあると言わざるを得ないものであった。需要が増加する中で、生産性は低い伸びしか示さなかったことからみても分かるように、増大する需要には従業者の増加によって対応が図られた[4]。これが地方分散ないしは地方での拡大を促進する要因の1つになった[5]。東北地域を例にすると、1975年当時、情報サービス業の事業所数は99、従業者数は2,350人に過ぎなかった。それが1991年現在では、それぞれ884事業所、19,229人と、16年間に8～9倍増となっている。地方圏での急成長がうかがえる。

とはいえ、情報サービス業の地域的な立地・配置をみると、関東、特に東京都への集中・集積が顕著である（表4-2）。関東には全国の情報サービス業事業所の半数以上が集積している。関東への集積の内訳をみれば、それは東京都とその周辺3県を含む東京圏への集積であることがわかる。東京圏の対全国比

表4-2 情報サービス業の地域別事業所数・従業者数

	事業所数		従業者数	
	1986年	1991年	1986年	1991年
北海道	327(2.9)	737(3.7)	7,485(2.2)	14,601(2.2)
東　北	437(3.9)	884(4.4)	9,160(2.7)	19,229(2.9)
関　東	6,436(57.6)	10,805(54.2)	222,887(66.5)	421,221(64.1)
うち東京圏	5,589(50.0)	9,053(45.4)	202,684(60.5)	374,155(57.0)
うち東京都	4,700(42.1)	6,968(35.0)	169,933(50.7)	283,449(43.2)
中　部	752(6.7)	1,603(8.0)	18,225(5.4)	41,332(6.3)
近　畿	1,827(16.4)	3,154(15.8)	47,789(14.3)	93,607(14.3)
中　国	419(3.7)	822(4.1)	9,447(2.8)	19,983(3.0)
四　国	183(1.6)	367(1.8)	3,377(1.0)	7,510(1.1)
九　州	724(6.5)	1,459(7.3)	15,304(4.6)	36,240(5.5)
沖　縄	69(0.6)	104(0.5)	1,560(0.5)	3,001(0.5)
全　国	11,174(100.0)	19,935(100.0)	335,234(100.0)	656,724(100.0)

注：地域区分は各経済産業局管轄地域により、以下の通りとする。
北海道＝北海道。東北＝青森、岩手、宮城、秋田、山形、福島。関東＝茨城、栃木、群馬、埼玉、千葉、東京、神奈川、新潟、山梨、長野、静岡。中部＝愛知、岐阜、三重、富山、石川。近畿＝福井、滋賀、京都、大阪、兵庫、奈良、和歌山。中国＝鳥取、島根、岡山、広島、山口。四国＝徳島、香川、愛媛、高知。九州＝福岡、佐賀、長崎、熊本、大分、宮崎、鹿児島。沖縄＝沖縄。東京圏は東京、神奈川、千葉、埼玉の1都3県の合計。
資料：事業所統計調査

は事業所数で約45％，従業者数では半数を上回る57％となっており，関東における情報サービス業の約90％までが東京圏に集積している。その中でも東京都の情報サービス業は，事業所数で全国の35％，従業者数では43％を占めている。立地係数（非農林水産業の都道府県別割合を分母として算出）も非常に高く（それぞれ2.94, 2.96），東京都の集積は突出した水準にある。

　ただし，情報サービス業の経年的な変化をみると，情報サービス業の既存集積地域からの地方分散と，地方圏内における量的な増加とによって，東京都の情報サービス業が全国に占める割合も低下してきていることも事実である。1986～1991年の5年間に，東京都の事業所数，従業者数の対全国比はともに約7ポイント低下した。同様に，東京圏，関東でも比率の低下がみられた。情報サービス業の全国的な拡大の中で，東京都，関東（さらにはそれに次ぐ近畿）への地域的集積も相対的には弱まってきた。

　しかしながら，こうした対全国比の低下は東京都，東京圏からの文字通りの分散を意味するものではない。絶対数は依然として高い伸びを示していたからである。しかも東京都，東京圏，さらには関東における全産業の事業所数・従業者数の増加率と比較すれば，情報サービス業のそれは依然として非常に高い水準にあった。なかでも東京都では1986～1991年の間に，全産業の事業所数が－2.5％と減少する中にあって，情報サービス業は48.3％増ときわめて高い伸びを示していた。

　長期的にみても，情報サービス業の東京一極集中は明らかで，その傾向は基本的に変化していない（図4-1）[6]。事業所数レベルではやや大きな増減がみられるものの，従業者数では60％弱，年間売上高については60～70％のシェアを維持しており，東京への集中が明瞭に認められる。

　こうした情報サービス業の東京への集中は，第1章でみたような，「情報化」に関連する成立・拡大の経緯に強く規定されている。それとともに「東京」市場の特質が大きく関わっており，それは次の2点によっている。第一には「東京」で発生する需要が絶対的に大きく，その多くが「東京」で自給されることである。第二には「地方」で発生した需要も「東京」からの供給に依存すると

第4章　地方中枢都市における情報サービス業の展開　93

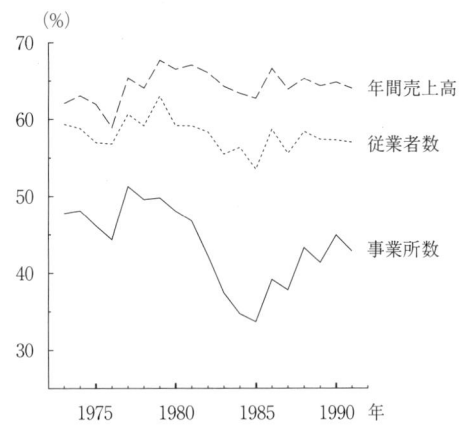

図4-1　東京・神奈川2都県の全国シェア
資料：特定サービス産業実態調査報告

ころが大きいことである（情報サービス業の地域的な需給関係と地域的循環については第7章で詳述する）。

以上のような状況下において，1980年代以降，地方圏における情報サービス業の拡大がなされてきたことを考慮すれば，「東京」と「地方」においては量的かつ地域的な需給バランスのギャップがあるだけでなく，「東京」と「地方」に配置されている情報サービス業の質的な差異が生じてきていることがうかがえる。

そこで次に，情報サービス業における業務内容別販売額の推移とその地域的な差異をみていく。

2. ソフトウェア「生産」へのシフト

地方圏の情報サービス業が急速に拡大した1980年代においては，情報サービス業の中でもソフトウェア開発業務がもっとも高い伸びを示した（表4-3）。

1975年当時，全体の40％近くを占めて情報サービス業の中心業務であった事務計算・情報処理業務（以下，受託計算とする）が，1990年には，これにデータ入力業務のシェアを合わせても，20％を下回るまでに低下していた。それに

対して，1975年には15％程度であったソフトウェア開発は，急速にシェアを伸ばし，1980年には受託計算のシェアを上回った。1990年現在ではソフトウェア開発が60％近くを占めるに至り，情報サービス業の中心業務となっている。

　この背景には，いわゆる「ダウンサイジング」がある。コンピュータ機器（ハード）の性能向上と価格低下によって，ユーザーへのハードの導入が促進され，外注化されていた受託計算が内部化される一方，導入したハードでの計算処理に用いられるソフトウェアの開発は多くが外注された。独自開発には多くの困難があること，独自開発する場合においてもソフトウェア開発はユーザー企業にとっては一時的な作業増加に過ぎず，そのための人員増加を避けるためにも，外注利用が図られた。ダウンサイジングによる計算業務の内部処理化が一方での受託計算業務の相対的な減少と，他方でのソフトウェア需要の大幅な拡大につながったのであった。

　当該産業における，直接的なサービス提供からソフトウェアの「生産」へのシフトという初期の構造変化によって，1980年代以降，地域間分業が進展し，それが地方での「成長」につながった。

3．仙台市における情報サービス業の成長と企業間取引の変化

　1991年における仙台市の情報サービス業の事業所数は358事業所，従業者数は9,229人であり（事業所統計調査），仙台市が東北地域全体の40.5％，48.0％，宮城県の93.2％，97.6％を占めている。東北地域の情報サービス業の多くが宮城県，特に仙台市に集中している[7]。

　仙台市における情報サービス業の事業所も，全国的な動向と同じく，1980年代になって急増してきた（表4-1；数値は宮城県のもの）。伸び率でみると，1981～1986年，1986～1991年の間ともに全国のそれを上回っている。ただし，全国に占める割合は依然として低く，1991年における仙台市の対全国シェアは事業所数で1.8％，従業者数で1.4％に過ぎない。

　このような仙台市における成長によって，次のようないくつかの取引構造上の急速な変化がみられた。第一に，業務内容別販売額の構成である（表4-3）。

仙台市においては1985年まで全国に比べて受託計算，データ入力の割合が高く，ソフトウェア開発の割合が明らかに低かった。ところが1985年以降，ソフトウェア開発のシェアが急増したことによって，それぞれの割合は全国とほとんど変わらない水準になってきた。ただしその内訳をみると，ソフトウェア開発のうち「見込生産」にあたるソフトウェアプロダクトの割合は全国平均に比べてかなり低かった。このことは，仙台市のソフトウェア産業が全国に比べても極端な「受注生産」型の産業であったことを示している。全国的にみられた構造変化が仙台市においても1985年以降，急速に現れたものの，その内実において異なっている点が注目される。

第二に，東京との関係の強化である。『特サビ』によれば，東北地域，宮城県の情報サービス業にとって，販売先としての東京都のシェアは，いずれも1985年当時までの10％以下から1987年以降の20％近くにまで増加している。仙

表4-3 業務種類別販売額構成の推移

(%)

	全　国				宮城県			
	1975年	1980年	1985年	1990年	1975年	1980年	1985年	1990年
総　　計	100.0	100.0	100.0	100.0	100.0	100.0	100.0	100.0
事務計算・情報処理業務	37.6	30.5	25.0	16.4	59.2	43.1	39.6	18.4
ソフトウェア開発・プログラム作成	15.3	31.2	42.1	58.9	10.0	10.7	26.4	58.5
（うち受注ソフトウェア）	−	−	(34.3)	(49.5)	−	−	(25.4)	(57.8)
（うちソフトウェアプロダクト）	−	−	(7.8)	(9.4)	−	−	(1.0)	(0.8)
データ入力(キーパンチ・カードパンチ)	15.0	11.1	7.0	3.5	17.4	15.7	11.3	4.4
システム等管理運営受託	8.9	7.3	7.5	4.7	5.5	3.8	7.0	1.9
その他計	23.2	19.9	18.3	16.5	0.2	15.0	14.2	16.8
（うちマシンタイム販売）	(5.0)	(2.3)	(1.2)	(0.9)	(0.0)	(0.0)	x	(0.3)
（うち情報提供サービス）	(5.2)	(6.6)	(6.5)	(3.2)	x	x	(4.2)	(1.1)
（うち各種調査）	(8.1)	(5.8)	(3.6)	(4.4)	(0.0)	(2.3)	x	(1.8)
（うちその他）	(4.9)	(5.2)	(7.0)	(8.0)	(0.2)	(12.7)	(10.0)	(13.5)

注：1975，80年の受注ソフトウェア，ソフトウェアプロダクトのうち数は不明。
　　システム等管理運営受託の75，80年は要員派遣の数値。
　　情報提供サービスの90年の数値はデータベース。
　　xは秘匿数を表す。
資料：特定サービス産業実態調査（情報サービス業編）

台市における情報サービス業の事業所数,従業者数が増加する中での割合の上昇であるので,東京からの需要はその絶対量において,より顕著な増加を示しており,その取引上の関係が深化したとみてよい。

　第三には,情報サービス業からの受注の増加である。従来から東北地域の情報サービス業は「鉱業・製造業」からの受注割合が低く,「公務」からのそれが高い（図4-2）。これが1980年代後半になると,「公務」のシェアが32％（1980年）から17％（1990年）に減少したのに対して,逆に「情報サービス業」からの割合が5％から21％に増加した。宮城県においては,母数になっている事業所数が少ないため,年によって産業別受注の割合が大きく変化するが,傾向としては「金融・保険ほか」の割合が従来から一貫して高く,「鉱業・製造業」も東北地域に比べてやや高くなっている。その中で「情報サービス業」からのシェアは9％から18％へと伸びている[8]。また「本社・支社」からの割合も全国に比べて高く,情報サービス業内および情報サービス企業内での取引の割合が高い。

　第二,第三の点についてみる限り,1980年代における仙台市のソフトウェア産業の拡大が,域内の情報サービス供給の充実に直接つながっているとは言い難い。むしろ,こうした急速な構造変化は,仙台市のソフトウェア産業がソフトウェア開発における全国的な地域的分業体制の下に組み込まれたからこそ惹起されたものと考えられる。

第2節　地方中枢都市におけるソフトウェア産業の周辺性

　本節では,1980年代に急速に拡大した仙台市の情報サービス業の性格・特徴を,実態調査の分析からさらに明らかにしていく。結論を先取りして言えば,その特徴は「周辺性」である。事務所の性格,技術的水準,取引関係・外注関係からみた,その「周辺」的性格について詳細に検討していく。

第4章 地方中枢都市における情報サービス業の展開 97

図4-2 情報サービス業の産業別売上比率

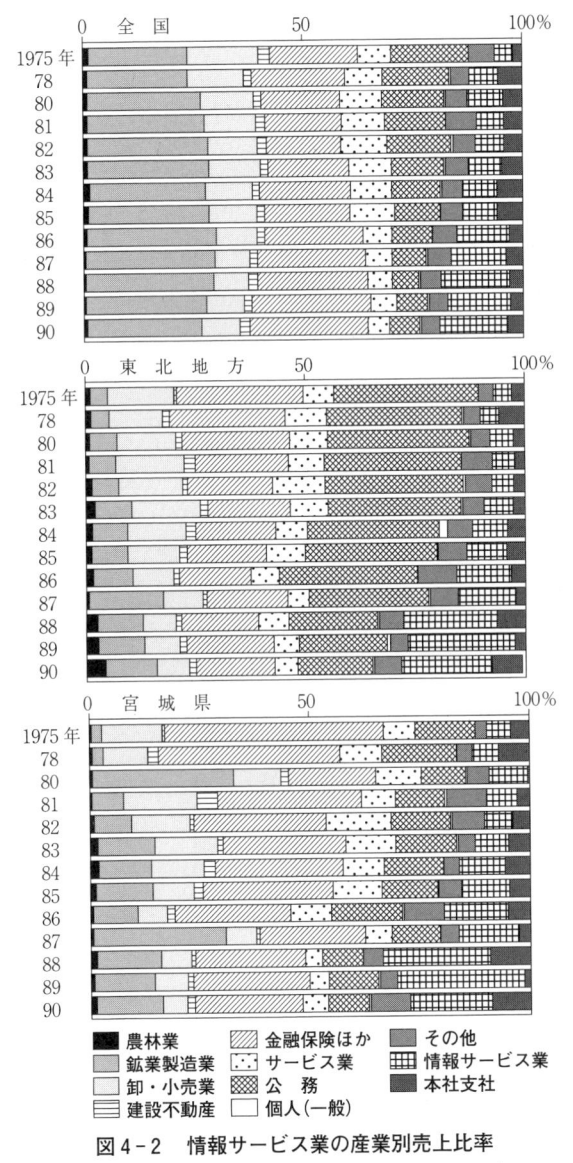

凡例：
- 農林業
- 金融保険ほか
- その他
- 鉱業製造業
- サービス業
- 情報サービス業
- 卸・小売業
- 公務
- 本社支社
- 建設不動産
- 個人(一般)

注：東北地域の1990年には秘匿数があるため，合計が100％にならない。
資料：特定サービス産業実態調査報告（情報サービス業編）

1. 事業所の非自立性

　仙台市のソフトウェア産業は，企業レベルで他企業の資本系列下にあるもの（子会社・関連会社）が多く，事業所レベルでは，支所たる事業所が多かった。

　企業レベルでみると，子会社・関連会社の割合が30％を超えている（表4-4）。163事業所のうちで有効回答をえた51事業所（以下，対象事業所とする）の内訳は，子会社・関連会社が16で，域外から進出してきた企業の子会社・関連会社（「進出系子会社・関連会社」）が8事業所，地場企業の子会社・関連会社（「地場系子会社・関連会社」）が8事業所であった。子会社・関連会社の内訳を資本系列でみると，メーカー系が4，ユーザー系が7，情報サービス業の子会社・関連会社が5となっている。地場系子会社・関連会社では，その親会社は，仙台市に本社を置く，地場有力企業であることも多い。

　本・支所別では，支所（支社・支店など）が19事業所（地場系支所を含む）

表4-4　調査事業所数（資本性格別）

	事業所
進出系	26
支所（地場系除く）	18
進出系子会社	6
進出系関連会社	2
地場系	25
地場系（本社・単独）	16
地場系子会社	5
地場系関連会社	3
地場系支所	1
計	51

注：進出系は宮城県外に本社・親会社がある事業所。
　　子会社＝親会社が株式の50％以上を保有。
　　関連会社＝親会社が株式の30～50％を保有。
　　地場系（本社・単独）は地場系企業の本社と地場系の単独事業所企業。
　　地場系支所の本社は宮城県伊具郡に所在。
資料：聞き取り調査結果

あり，地場系本社・単独事業所を上回っている。支所のうち東京に本社がある事業所が13を占める。

このように，子会社・関連会社として，あるいは支所として，他の企業・事業所から何らかのコントロール（「統轄」あるいは「支配」）を受ける事業所が全体の約3分の2を占め，地場系企業本社または単独事業所企業を大きく上回っている。

地場系本社・単独事業所については，16事業所のうち13事業所までが，全従業者数50人以下の企業である。また，全従業者数20人以下の小規模な企業が7社あり，5人以下の零細企業も3社ある[9]。

売上高でみても8億円以上が3事業所，2～5億円が3事業所，2億円以下が10事業所となっており，地場系本社・単独事業所は総じて売上高で下層にある。売上高1億円以下の事業所も7事業所あり，売上高で下位にある事業所の多くは「同業者」（＝情報サービス業およびコンピュータ・メーカー）からの受注が多く，資本系列下にはなくとも，実際には従属的な地位にある。

売上高で中・下位層にある事業所のうち，ソフトウェア開発の割合が80％を超える事業所が16ある（表4－5）。その中で受注先について回答を得られた13事業所のうち，10事業所の主たる受注先が「同業者」であった。コンピュータ・メーカーからの受注がほとんどを占める事業所が4事業所，企業番号a1からの受注が売上高の多くを占める事業所が3事業所あり，中・下位層では「同業者」からの受注によって存立する事業所がほとんどを占めるといっても過言ではない[10]。

また中・下位層の事業所で，データ入力，要員派遣の割合が高い事業所の多くも，実質的に「同業者」からの受注によって存立している。これらは，コーディング（コンピュータ言語による処理手順の記述）作業など，ソフトウェア開発の中でも多くの人員を必要とする工程部分を担っている。これら業務は他の企業・事業所の業況によって受注量が大きく変動し，受注する事業所は発注側事業所の都合や景気動向に大きく左右されることになる。

このように仙台市の情報サービス業には企業レベル・事業所レベルで，外部

表4-5 事業所別売上構成と汎用機の利用

企業番号	売上高(百万円)	従業者数	売上高構成（%）							汎用機の有無
			情報サービス業務						別業務	
			受託計算	受注ソフト	パッケージソフト	データ入力	要員派遣	その他		
B2	39,400	176	0	90	8	0	0	2	0	○
a1	8,800	394	59	37	0	2	0	2	0	○
b1	3,750	479	0	100	0	0	0	0	0	
B1	3,400	200	0	47	0	0	0	29	24	
B18	2,700	NA	50	40	0	0	0	10	0	○
B3	1,700	92	29	50	0	3	5	0	13	○
A1	1,500	244	60	35	0	0	3	0	2	○
B9	1,000	29	51	0	0	0	0	0	49	○
a2	1,000	151	29	30	0	20	0	20	1	
A2	900	54	0	25	0	25	0	0	50	
A4	800	42	0	55	5	0	0	40	0	
A9	500	23	0	17	0	0	0	83	0	
B5	450	52	0	35	5	0	60	0	0	
B6	450	52	0	100	0	0	0	0	0	
a3	440	77	0	100	0	0	0	0	0	
B10	420	29	0	100	0	0	0	0	0	
b5	380	45	0	91	0	0	0	9	0	○
b7	340	17	0	50	10	0	0	0	40	○
a4	300	75	0	0	0	62	30	0	8	
B4	300	60	2	66	0	0	30	2	0	
B7	300	48	0	100	0	0	0	0	0	
a6	300	48	0	55	10	0	30	0	5	
A6	250	29	0	70	0	0	0	0	30	
B8	230	48	0	80	0	0	0	20	0	
A3	210	48	0	75	0	0	25	0	0	
A7	180	28	0	100	0	0	0	0	0	
A10	160	19	0	100	0	0	0	0	0	
S1	160	21	2	18	56	0	0	0	24	
b6	150	30	0	70	0	0	30	0	0	
B15	150	8	0	50	10	0	0	40	0	
b3	130	157	0	100	0	0	0	0	0	
B12	120	18	0	80	0	0	20	0	0	
a5	110	72	10	33	0	2	5	0	50	○
A8	110	24	0	76	0	5	17	0	2	
B11	100	21	0	100	0	0	0	0	0	
B13	100	9	0	100	0	0	0	0	0	
B16	100	7	15	70	10	5	0	0	0	
A13	80	10	10	15	0	0	0	70	5	
A12	70	14	0	75	25	0	0	0	0	
A5	60	30	10	0	80	0	0	0	10	
A11	50	15	0	20	0	80	0	0	0	
A14	50	5	0	10	0	0	0	90	0	
a7	50	4	0	100	0	0	0	0	0	
b4	40	51	0	100	0	0	0	0	0	
b8	40	7	0	100	0	0	0	0	0	
A15	35	5	0	95	0	0	5	0	0	
a8	25	4	0	65	0	0	0	0	35	
B17	25	7	0	0	100	0	0	0	0	
A16	5	1	0	66	0	0	0	0	34	
b2	NA	352	0	84	9	0	3	4	0	○
B14	NA	9	10	80	0	0	0	0	10	

注：対象事業所の企業番号は以下の原則で番号をつけた。
　　B＝進出系支所，b＝進出系子会社・関連会社，A＝地場系，a＝地場系子会社・関連会社，S＝地場系支所。
　　資本の性格によってアルファベット記号を与え，従業者数順に整理した。
　　別業務とは情報サービス業務以外の売上（含む機器販売）。
　　数値は91年度の実績。ただし，売上高については一部概数化してある。
　　NAは未回答。
　　資料：聞き取り調査結果

から何らかの統轄や支配を受ける可能性のある事業所が，進出系，地場系という違いにかかわらず多い。その点で仙台市のソフトウェア産業の多くは非自立的な地位にあるといえる。

2．技術的低位性

(1) 受託計算への依存

仙台市におけるソフトウェア産業の受注業務についてみると，1991年時点でも受託計算が高い割合を占めており，その技術的低位性と後進性がうかがえる。

1985年以降，急速に格差が縮まったとはいえ，仙台市のソフトウェア産業における受託計算の割合（1990年）は，依然として全国に比べて約2ポイント高かった（表4－3参照）。対象事業所における売上高の業務内容別構成をみても（表4－5），仙台市のソフトウェア産業における中核的存在である売上高上位の事業所の多くが受託計算業務を行っていた。上位10事業所のうち6事業所までが，受託計算による売上が約30～60％を占めている。売上高下位の事業所は受託計算を行っていないか，行っていても10％程度にとどまっているのに比べて対照的である。

上位事業所のうち，受託計算を行っていない事業所には売上高を引き上げる別の要因があることが多い点を考慮すれば[11]，仙台市のソフトウェア産業では依然として受託計算を担う事業所が上位企業として存在し，それが重要な位置を占めていた。受託計算はソフトウェア開発に比べて技術的には低水準であり，一般に付加価値も低い。また受託計算中心からソフトウェア開発中心へというソフトウェア産業全般の発展過程からみても，仙台市のソフトウェア産業は後進性が強いといえる。

一方，中・下位層についても，前述のとおり「同業者」からの受注はコーディング作業などの業務が多い。ソフトウェア開発における「下流工程」を担当しており，やはり技術的には低水準にあるといえる。また中・下位層が一般のユーザー企業から受注するソフトウェア開発も，地場中小企業からの受注によるものが多く，そのソフトウェアも相対的に小規模のものであり，技術的に高

水準のものが要求されることは少ない。中・下位層の受注業務からも，仙台市のソフトウェア産業における技術的な低位性が指摘できる。

(2) 受託計算・事務計算ソフトウェア開発のための汎用機

技術的低位性は，当時，大量のデータ処理・計算には必須であった汎用大型計算機（以下，汎用機とする）の所有やそのオンライン化の有無からも捉えられた。

売上高上位の事業所は汎用機を自事業所に保有するか，または他の事業所のそれとオンライン化されていた（表4-5）。汎用機関連のソフトウェアはステップ数（ライン数）も大きい。そのためプログラムの構造が複雑化し，汎用機関連の業務が担えるか否かは，事業所の技術力・生産能力の1つの指標になっていた（聞き取りによる）。

しかしながら，仙台市における汎用機の保有は，上述の売上高上位層における売上構成の特徴から容易に推測されるように，多くの場合，受託計算業務を主たる目的として導入されたことによる。そのため仙台市における上位層の汎用機の保有が，事業所の技術力・生産能力の優位性を直接に表す指標になるとはいえない。

中・下位層においても汎用機を所有する事業所があった。このうち企業番号a5は，ある協同組合の子会社として，組合加入企業の情報処理業務の受託を目的に設立された事業所である。企業番号b6は気象データを扱う事業所で，その処理に汎用機が使われていると考えられる。この2事業所については，その点で汎用機導入の目的が上位事業所と類似している[12]。

このように仙台市の各事業所における当時の汎用機の所有は技術力・生産力の直接的な指標とはならないばかりか，その導入過程を考えれば，汎用機の所有はむしろ受託計算業務への依存を示すものであった。

汎用機関連のソフトウェアを開発している場合でも，仙台市のソフトウェア産業の多くは「販財給」（販売管理（売上管理，在庫管理など）[13]，財務管理（税金関係の業務を含む），給与計算の頭文字を取った略称）と呼ばれた事務

(計算)系アプリケーション・ソフトウェアの開発を専門としていた。これらのソフトウェア開発には,それほど高度な技術を必要としない。これに対して,医療関係,シミュレーション,構造解析,プラント制御,CAD/CAMなどのソフトウェア開発には相対的に高度な新規技術を必要としたり,特殊な計算が必要であったりする。これらを担うことのできる事業所は,仙台市のソフトウェア産業内にはほとんど存在しなかった。特殊計算を受託する事業所はあっても,そこはあくまで受託計算を行うのみであった。

こうした点にも,仙台市のソフトウェア産業における技術的な低位性の一側面が認められた。

3．取引関係からみた地位

(1) 下請的地位——東京との関係——

対象事業所では,少数の受注先への依存が大きい。上位3位までの受注先との取引額が売上高全体の80％以上を占める事業所が半数を超えており,上位3位の受注がそのまま受注全体の特徴にもなっている。そこで,対象事業所の受注先上位3位までについて,有効な回答をえた事業所における受注先の業種別・地域別内訳をみると,業種別では製造業が26(うちコンピュータ・メーカーが12),情報サービス業が25,金融業が10となっていた(表4-6)。地域別

表4-6 受注先事業所の地域別・業種別数

地域	製造業	情報サービス業	金融業	電気業	卸売・小売業	自治体・公務	その他	計
仙台市	12(6)	17	7	5	3	4	21	69
東北地域(除仙台市)	6	1	2		1		5	15
東京圏	8(6)	4	1		1		4	18
その他	3							3
計	26(12)	25	10	5	5	4	30	105

注：製造業の( )内はコンピュータ・メーカーの内数。
資料：聞き取り調査結果

の受注件数では，仙台市内が69，東北地域（仙台市内を除く）が15，東京圏（東京，神奈川，埼玉，千葉の1都3県）が18でほぼすべてを占め，そのうち仙台市内からの受注が多いことが特徴である。その他の地域からの受注は3で，ほとんど無視し得る存在でしかない。

業種別・地域別の数値を組み合わせてみると，仙台市内からの受注69のうち，情報サービス業からの受注が17，コンピュータ・メーカーからが6であった。「同業者」からの受注は合計で全体の3分の1となっている。一方，東京圏からの受注についてみると，18のうち情報サービス業からの受注が4，コンピュータ・メーカーからが6ある。東京圏からの受注は「同業者」からの割合が半数を超えている。

この東京圏の「同業者」からの受注を，発注する東京圏の企業の側から捉え直してみる。こうした発注にはリスク分散と地域間工賃格差の利用という側面が強い。前述の通り，ソフトウェア産業は労働集約的産業である。そこで発注側企業は外注利用によって内部人員を最小限にとどめ，自らの受注量の急速な変化に対するリスク分散を図っている。

これを裏付けるように，仙台市におけるソフトウェア開発の工程別単価はい

表4-7　地域間外注単価格差

(円／人月)

	東京	仙台
調査分析	1,050,000	798,000
システム設計	748,000	569,000
プログラム設計	613,000	457,000
プログラム製造	547,000	408,000
結合テスト	732,000	556,000
説明書作成	732,000	556,000
教育・指導	1,050,000	798,000
移行・立合	748,000	569,000

注：諸経費含むが，直接経費，消耗品費は含まず。
　　ビジネス系アプリケーションソフト開発に適用。
　　技術者規模100～300人のソフトウェアハウス。
資料：経済調査会『ソフトウェア・サービス料金』('92後期版）

ずれも東京に比べて約4分の3程度の水準に過ぎなかった（表4-7）。東京におけるSE単価[14]の相場が1人月当たり約100万円であるのに対して，仙台のそれは70万円程度であった（聞き取りによる）。このことは，東京から仙台へ外注することによる経費の増加分がある程度あっても，コストダウンを目的とした外注利用が十分に可能であることを示している。

　こうした外注の事例として次のようなケースがみられた。ある大手ソフトウェア企業N社（本社：東京）が手掛けている金融機関関連のシステムは，N社の東京にある事業所を中心に開発されている。その外注先の1つにコンピュータ・メーカーのA社（本社：東京）がある。その外注はさらにA社の子会社であるB社（本社：東京）に外注されている。B社内で実際に開発業務を担っているのは仙台市内の事業所（企業番号B1）の従業者で，東京に出張して開発にあたっていた。A社グループのA社またはB社は，それによってコストダウンを図っていたと思われる。実際にどの程度のコストダウンが実現されていたのかは確認できなかったものの，東京での滞在費を含む出張費部分の経費か，それ以上の工賃格差が存在しており，それを利用していたことは容易に推測される。

　それに対して，仙台市内の事業所間において工賃格差を利用してコストダウンを徹底化することは困難であった。というのも，当時SE単価で約55万円，PG単価で約40万円が受注側企業の存立にとっての最低限度であり，それ以下では採算が取れず，したがって，それ以下で発注しても仙台市内で受注されることはなかった（聞き取りによる）。仙台相場はもともとその額に近いため，域内での格差利用はほぼ不可能であった。仙台市内の発注側にとっても，経験上，工賃単価が極端に低い企業（事業所）に発注した場合は，SE・PGの経験年数が浅いなどの理由から，ソフトウェアの品質に問題が生ずることが多く，その修正や品質管理の徹底がかえってコストアップにもなりかねず，安易にコストダウンのみを徹底することは避けられる傾向があった。これは当然のことながら東京における当該業界の企業にも当てはまり，コストダウンは地域間の工賃格差を利用することではじめて可能になっていた。そのため仙台市のソフ

トウェア産業は，東京圏の「同業者」との関係のみにおいて，下請的地位にあったのである。

仙台市から東北各都市への外注においても，東京と仙台ほどの工賃格差がないことから，コストダウンを目的とした外注はほとんどみられなかった。対象事業所の中でコストダウンを目的に積極的に外注を行っていた事業所としては企業番号S1が唯一あげられるものの，その発注先は中国の西安であった。

仙台市のソフトウェア産業は東京との工賃格差が大きく，東京圏の「同業者」のリスク分散，コスト削減の担い手として，いわば下請的に利用されていた。その一方，仙台市内や東北地域内ではその格差は認められず，仙台市のソフトウェア産業が市内や東北地域の「同業者」を下請として利用することはほとんどみられなかった。

(2) 質的な補完関係の欠如

外注関係における別の側面からも，仙台市のソフトウェア産業における技術的低位性が確認できる。

ソフトウェア産業における外注利用は，その目的から次の3つに大別できる。それらは一般的に製造業の場合に指摘されてきた外注利用とも共通している。第一に，コストダウン，リスク分散を主たる目的とする場合であり，前述の通り，東京との関係でみられたものである。第二には，量的な補完を目的とする外注で，これは受注量・納期に照らして，事業所の生産能力が不十分である場合に行われる。第三に，質的補完を目的とする場合である。

このうち質的な外注については，若干の説明を要する。ある業務（たとえば卸売業の在庫管理）に関するソフトウェアの開発，なかでもシステム分析と呼ばれる段階においては，コンピュータ関連の専門知識以上にその業種（たとえば卸売業）と業務（たとえば在庫管理）に関する知識が必要になる。そのため各企業，各事業所，さらにはSE一人ひとりには得意分野（業種，業務）が存在する。各事業所内で対応できない業種や業務を受注した場合は外注する必要がでてくる。こうした技術的問題から発生する外注が，質的補完を目的とした

外注である。

　このような場合，ユーザーから発注を受けた事業所ではソフトウェア開発は全く行われず，業務のすべてをそのまま外注化する，「丸投げ」と呼ばれる形態がとられることが多い。ただし，「丸投げ」はソフトウェア産業の中でも営業力のある企業，または親会社のソフトウェア関連の業務をすべて引き受けるような子会社などが行うものであり，小規模なソフトウェア産業事業所間で行われることはきわめて少ない。

　対象事業所の外注利用をみると，51事業所中35事業所が外注を行っていた。その中で外注地域について有効な回答を得られたのが29事業所で，そのうち18事業所までが外注のすべてを仙台市内に立地する事業所に発注している。ほかに2事業所が外注の90％以上を仙台市内に発注していた。仙台市におけるソフトウェア産業の外注先の大部分は仙台市内となっていたのである。この外注が量的補完を主たる目的としていたことは前述の通りである。

　一方，仙台市以外への外注では東京への外注が多い。これは市外への外注の多くが質的補完を目的としていたからである。上述の通り，仙台市のソフトウェア産業の多くが「販財給」といわれる事務系アプリケーション・ソフトウェアの開発を専門としており，特殊計算にあたるソフトウェアの開発を担うことのできる事業所は，仙台市のソフトウェア産業内にはほとんど存在しなかった。これらの業務を担う事業所の多くが東京都内または東京圏に集中しており，ソフトウェア開発における技術的な格差が東京との間に存在していた。

　たとえば，あるメーカー系事業所では，1991年度に医療系のソフトウェア受注を単発的に受けた際，事業所内では対応できず，仙台市内にも対応可能な外注先が存在しないため，大阪にある医療系ソフトウェア開発の実績があった企業へ「丸投げ」の形で発注した（表4-8）。質的補完が仙台市内では実現できなかったのである。

　また次のようなケースもあった。企業番号B4は，事務系ソフトウェアを開発しているものの，UNIX（ユニックス）をOS（Operating System：基本ソフト）としたソフトウェアの開発を主たる業務としていた。UNIXは当時，比

表4-8 メーカー系某社外注実績表 (1991年度)

外注企業名	所在地	外注額（円）	(%)
NU（支店）	仙　台	47,413,300	30.0
ZS	大　阪	23,648,800	15.0
SR	仙　台	23,395,420	14.8
TS	盛　岡	17,157,616	10.9
JA（支店）	仙　台	9,778,738	6.2
ND	東　京	7,173,888	4.5
AS	会津若松	6,180,000	3.9
TS	秋　田	5,108,800	3.2
KS		3,635,900	2.3
SR	仙　台	2,956,100	1.9
OS	仙　台	2,303,214	1.5
SN	仙　台	1,851,940	1.2
DJ（支店）	仙　台	1,638,297	1.0
HB		1,236,000	0.8
NS	東　京	982,002	0.6
KK	青　森	669,500	0.4
YB	東　京	589,160	0.4
AD	水　沢	193,125	0.1
FN（印刷）		1,388,437	0.9
AJ（印刷）		216,300	0.1
Y氏（パート）		288,100	0.2
合計		157,804,637	100.0

注：外注率（対売上高）は40.2%。
資料：聞き取り調査結果

　較的新興のOSであり，UNIXを扱える事業所は仙台市内よりも東京圏に圧倒的に多かった。そこで外注も東京圏への割合が高くなっていた。このように技術的側面から外注先地域が限定されていた点にも仙台市の情報サービス業における技術水準の低位性が確認できる。

　東北地域に広く外注先を求めている事業所も4事業所ある。うち3事業所がメーカー系の事業所である。メーカー系企業は量的補完の外注でも独特の形態をとるので，ここに取り上げて説明を加えておく。

メーカー系ソフトウェア企業では多くの場合，営業活動をしているのはメーカーの支店であり，支店経由の受注が多いことから，実際の受注先は東北地域各地からとなる。これらの受注業務に対してメーカー系ソフトウェア企業は，受注先に近い事業所に外注するケースが多い。たとえばメーカーが盛岡市において受注した業務の場合，その仕事を担当できるソフトウェア企業が盛岡市に存在すれば，メーカー系ソフトウェア企業は盛岡市の企業に業務の一部を外注することになる。それは前述のように，アフターサービスなどのために近接性が重視されるからである。このことを，あるメーカー系事業所の外注実績表（表4-8）から確認してみる。この事業所の受注はすべて親会社であるコンピュータ・メーカーからのものである。親会社が受けた受注の内訳をみると，地方銀行からの受注が約40％を占め，その他に農協，漁協などからなり，受注先事業所は東北各地にある。こうした東北各地で発生するソフトウェア開発業務に関しては，受注先事業所に近い（できる限り，受注先事業所の地元の）事業所を外注先とすることも多くなる。そのために外注先は東北各都市に広がることになる。外注先の所在地をみると，仙台市のほかに，盛岡市や会津若松市，秋田市など東北各地の都市が名を連ねている（表4-8）。これらの事業所には，ソフトウェア開発のすべて，あるいは一部を外注し，開発終了後もソフトウェアの保守（メンテナンス）について委託することが多い[15]。ここでみたように，仙台市内または東北各地の事業所が外注先として選択されるのは，主に量的補完を目的とした外注利用においてである。

　このように仙台市を含む東北各地への外注は量的補完を目的としたものであり，質的（技術的）な側面からの外注先地域は東京や大阪などに限定されていた。ここにも仙台市の情報サービス業における技術水準の相対的な低位性が確認できる。

　以上のように，仙台市のソフトウェア産業の機能・性格は周辺的性格が強く，それは次の3つの側面で顕著に認められる。第一に，事業所の非自立性である。子会社・関連会社あるいは支所として，また資本関係・会社組織上は独立した事業所であっても，その取引関係において「同業者」に依存した非自立性がみ

られた。第二に，技術的な低位性である。具体的には，売上構成における受託計算業務の大きさ，汎用機の所有と関連業務の低位性，さらには域内における補完関係の弱さに現れている。第三に，東京との関係における，その下請的地位である。仙台市のソフトウェア産業は産業内の分業関係において，そのコストダウン・リスク分散先として利用されていた。事業所の非自立性，相対的な技術水準の低さが下請的地位からの脱却を困難にしており，機能・性格の両面で仙台市の情報サービス業は「周辺」として限定的な部分を担っているに過ぎないものであった。

第3節　1980年代における「周辺性」の強化

1. 地方分散と「周辺性」の強化

　仙台市のソフトウェア産業にみられる「周辺」的性格は，東京との関係において形成されてきたものであった。とくに1980年代になってから情報サービス業全体の性格変化がみられたこと，情報サービス業の成長にともなう地方分散・地方展開がなされたことが契機となって，仙台市のソフトウェア産業における「周辺性」は再編・強化されてきたものなのである。

　このことは，事業所の資本性格別，受注タイプ別の開設時期の特徴に如実に現れている。1991年までに開設された事業所の資本性格別開設年次をみると，「進出系」，「地場系」ともに1980年代に入ってから開設された事業所が多く，全体の80％近くが1980年代に開設されている（表4-9）。この時期の開設数の急増には，「進出系」事業所の開設，なかでも1970年代までは全くなかった進出系子会社・関連会社の開設が関係している。同じ子会社組織であっても，地場系子会社・関連会社の開設時期には1960年代までと1970年代，1980年代に極端な偏りがないのに対して，進出系子会社・関連会社はいずれも1980年代になってからの設立である。これら進出系子会社・関連会社8事業所の親会社はいずれも東京圏（東京都区部が6，川崎市が1，千葉市が1）にある。つまり，

表4-9　資本性格別開設年次

	進出系	地場系
〜 1969年	0(0)	2(1)
1970 〜 1974年	2(0)	3(1)
1975 〜 1979年	2(0)	2(1)
1980 〜 1984年	10(3)	7(2)
1985 〜	11(5)	11(3)
計	25(8)	25(8)

注：(　)は子会社・関連会社の内数。
　　未回答が1事業所ある。
資料：聞き取り調査結果

1980年代における事業所の急増は，東京資本の子会社・関連会社の進出によるものであり，この過程を通じて東京への従属性が強化されてきたと捉えられる。

その理由の1つとして，同じ子会社であっても，地場系と進出系では子会社・関連会社の設立目的が異なっていることがあげられる。子会社・関連会社の設立目的をみると，地場系子会社・関連会社の親会社は基本的にソフトウェア関連業務以外を主たる業務とする企業，すなわちコンピュータのユーザーに過ぎない場合が多く，労務管理上の問題や企業組織の肥大化防止のために子会社形態をとっていることが多い。地場系子会社・関連会社の場合，給与体系は親会社と同じというところもあり，賃金水準の格差利用といった経済的要因は必ずしも重視されていない。

たとえば企業番号a6は親会社所有のビル内にあり，フロアも親会社の同部門と同じである。給与体系も親会社と同じで，親会社の同部門では配置転換や転勤があるが，a6にはなく，従業者にとっては子会社にいることのデメリットはほとんど感じられないとさえ言われていた（聞き取りによる）。情報サービス技術者を当該業務に専念させることがa6設立の目的だったと考えられる[16]。

それに対して，進出系子会社・関連会社の設立では，給与体系を親会社とは別にし，地域間の賃金水準格差を合理的に利用していることが多い。また地方子会社であることを強調し，「地元」定着指向の労働者を確保することも子会

社設立の目的の1つとなっている。多くの進出系子会社・関連会社では,「転勤がない」ということを求人活動の際に強調し,それによって円滑に地元労働力を調達しようとしていた。

こうした進出系子会社の事例をみてみよう。あるコンピュータ・メーカーは全国を8ブロックに分け,それぞれの地区にソフトウェア開発専門の子会社を設立していた。子会社はいずれも単独事業所企業である。営業（受注）はすべて親会社が行い,子会社はソフトウェア開発に特化している。そのため,仙台市では両社は同じビル内にある。子会社の従業者は地元採用であり（役員は親会社からの出向）,給与体系は親会社とは別である。労働組合も別になっており,子会社内には親睦会的組織はあるものの労働組合自体は存在しない。

また別のコンピュータ・メーカーの100％子会社である企業は,その従業者を研修やその他の目的（契約）で京浜地区にある親会社の事業所に派遣しており,その数は全従業者数の約3分の2程度にものぼっていた。つまり当該企業は,実質的には親会社へ「人材派遣」を行うコンピュータ・メーカーのリクルートポイント,つまり労働力調達機構として機能していた[17]。

このように,進出系子会社・関連会社の設立においてはコストダウンや労働力確保などの経済的要因が重視されており,それゆえに地場系以上に直接的な支配を親会社など外部から受けることになる。そうした性格の事業所が1980年代に急増し,仙台市におけるソフトウェア産業の従属的地位が強化されていたのである。

対象事業所の受注タイプ別の開設時期からも,仙台市のソフトウェア産業が1980年代に,東京の下請としての性格を強めていったことが看取できる。次項で確認していこう。

2．「東京受注型」事業所の開設と下請としての再編

対象事業所は受注先の地域別割合から,次の3つのタイプに区分することができる。第一のタイプは,売上高の70％以上を仙台市内から受注する事業所で,ここでは「仙台受注型」と呼ぶ。「仙台受注型」事業所は仙台市内における需

要を存立基盤とする事業所であり，対象事業所の半数近くがこのタイプである。「仙台受注型」に属する24事業所のうち，9事業所が受注のすべて（100％）が仙台市内からであるとしている。

　第二のタイプは，仙台市内のみでなく東北地域全体からの需要によって存立している「東北受注型」事業所である。仙台市からの受注は70％に満たないが，仙台市と東北地域全体からの受注の合計が70％以上である事業所が12事業所ある。

　第三のタイプは，仙台に立地してはいるものの仙台市・東北地域の需要よりはむしろ，東京圏からの受注に基盤を求めている「東京受注型」事業所である。仙台市・東北地域からの受注が70％未満で，東京圏からの受注が30％以上を占める事業所が14事業所ある。「東京受注型」事業所のうち受注の70％以上を東京圏に求める事業所が半数を占めており，そのうち受注の100％が東京圏からという事業所も2事業所ある。

　これら受注タイプ別の開設年次をみると，「東京受注型」事業所はすべてが1980年代に開設された事業所である（表4-10）。東京圏から受注する業務は，前述のとおり，コストダウン，リスク分散を目的とした「同業者」からの発注が多く，下請的性格の強いものである。つまり，仙台市のソフトウェア産業における下請的性格は，「東京受注型」事業所の開設によって，1980年代になってから急速に強まっていったのである。

表4-10　受注タイプ別開設年次

	仙台受注型	東北受注型	東京受注型
～1969年	1	1	
1970～1974年	1	4	
1975～1979年	4		
1980～1984年	8	2	7
1985～	10	5	6

注：東京受注型のうち開設年未回答が1事業所ある。
資料：聞き取り調査結果

資本性格別にみてみると，進出系子会社・関連会社の半数が「東京受注型」として存立している。これらは，仙台のソフトウェア市場が拡大したことを背景に進出したというよりは，むしろ膨大なバックログ（受注在庫）を抱えた東京圏のソフトウェア産業における「人手不足」を背景にして設立された，いわゆる「システム開発型」事業所である。換言すれば，東京市場の量的補完を目的としつつ，地域間の賃金水準格差を合理的に利用するために開設された生産子会社である[18]。つまり，これらの事業所は資本関係，取引関係の両面からみて，ほぼ完全に東京の下請となっていた。

　さらには「仙台受注型」でも，これら「東京受注型」から業務を受注していた事業所も少なくなかった。これらの事業所も間接的に東京からの受注によって存立しており，東京の下請的性格をもって機能する企業群の一角を形成していた。

　このように，1980年代の仙台市におけるソフトウェア産業の成長は，「生産子会社」としての進出系子会社・関連会社の開設，「東京受注型」事業所の開設を特徴としている。しかし，この成長を別の側面からみれば，東京の下請としての再編と，そうした性格の強化と捉えられる。つまり仙台市のソフトウェア産業における1980年代の成長は，取引関係・資本関係からみれば，東京の「同業者」にとっての下請的地位への再編であり，当該産業における周辺性の強化をともなうものだったのである。

第4節　小括

　本章では，仙台市を事例として，サービス経済化にともなって1980年代にみられた地方中枢都市におけるソフトウェア産業の展開について，事業所の資本関係，取引構造を明らかにすることを通して考察した。その結果は以下の通りである。

　仙台市では，全国的な情報サービス業の拡大にともなって，1980年代にソフトウェア産業事業所が急増した。これはソフトウェア開発が中心業務となるこ

とによって進展した地域的分業体制の下での成長であり，仙台では東京との取引関係の深化と「同業者」内取引の拡大をみた。

仙台市のソフトウェア産業における主たる業務は受託計算，受注ソフトウェア開発であり，仙台市のソフトウェア産業は技術的には低水準にあった。仙台市ではもともと受託計算業務の占める割合が高く，売上高上位事業所でこそ，受託計算の比重が相対的に高かった。また質的補完関係の欠如，汎用機所有の意味にも技術的低位性が現れている。仙台市は産業内の分業関係において低次な部分を担い，技術的に高度な業務は上位都市（東京）へと流出していた。

1980年代の仙台市における当該産業の拡大は，支所，東京の子会社・関連会社の進出・地方分散によるところが大きかった。これらの事業所の地方展開はリスク分散とコストダウンをねらいとするものであった。また仙台市では1980年代になってから，東京の「同業者」からの受注が総じて増加してきた。これは仙台市のソフトウェア産業が，企業内地域間分業の下で低次部門の分散によって拡大してきていること，そして東京圏の下請としての性格を強めていることの証左であった。資本関係，取引構造の両面で，従属的地位の強化がなされ，仙台市のソフトウェア産業は東京からの「域外支配」を受けるようになっていったといえる。

このように1980年代における仙台市のソフトウェア産業の量的拡大は，質的には東京との関係における従属的な性格を強化させ，「周辺性」を一層強化させるものであった。

地方中枢都市は，地方圏の中では，1970年代後半以降拡大する事業所サービス業が立地する「恩恵」を受け，サービス経済化において先行していたと評価できる（第2章参照）。とはいえ，事業所サービス業の中でも，とりわけ大きな拡大を示した情報サービス業の展開とその諸結果を仙台市の事例にみる限り，その拡大は地域に「根ざした」ものではなく，東京との関係を強化させながらの拡大に過ぎず，単純に積極的な評価を下せるような内実にはないものであった。

注

1) 本章でいうソフトウェア産業とは，日本標準産業分類（第9回改訂）におけるソフトウェア業と情報処理サービス業とを合わせたものである。現実的には両業種は必ずしも明確に区分できないので一括して分析対象とする。

2) 実態調査は仙台市内のソフトウェア産業事業所を対象として1992年6月～12月に行った。対象事業所は業界団体の名簿，宮城県中小企業情報センター（1991），通商産業省（1991），仙台市商工会議所（1991）などから抽出し，163事業所をリストアップした。それら事業所に郵送アンケートまたは直接訪問しての聞き取り調査を依頼・実施し，51の事業所から有効な回答をえた。

3) 売上高は『特サビ』の数値であるため，実際の市場規模の拡大に即した数値であるかは検討の余地があるが，顕著な伸びを示していることは確かである。『特サビ』の数値そのものは直接信用することはできないが，年ごとの推移や大まかな傾向を捉える上では有効な資料である。本章ではそうした点を意識しながらその数値を利用する。なお『特サビ』の問題点は中島（1986）に詳しい。

4) この点については，坪倉（1990）も，ソフトウェア産業では従業者の増加によって売上の増加が図られてきたに過ぎない，と指摘している。

5) 労働集約的な性格から工賃単価の計算も「人月計算」が基本になっていた。1人あたりが1ヵ月に行う業務を1人月（にんつき）という。1人月の仕事は当時，プログラムのステップ数（ライン数：プログラムの行数）で1,200ステップといわれていた。プログラムの総ステップ数を見積もった上で，それを1,200で除し，それに人月単価を乗ずるというのがもっとも単純なプログラムの価格計算であった。実際には各工程に何人月を要するのかを見積もり，工程ごとの人月単価を乗ずることが多かった。

6) ここでは東京都と神奈川県の2都県の数値を合計したものを示している。売上高も検討するために『特サビ』のデータを利用している。東京都単独のデータでは把捉率の問題から，年ごとに増減が激しくみられるかのようなデータが示されてしまうことから，隣接県であり情報サービス業の集積が早くからみられる神奈川県のデータを合わせて東京集中の傾向をみている。

7) 『特サビ』や事業所統計調査などでは，仙台市における情報サービス業の数値については，政令指定都市となった1989年以降の数値しかえられない。したがって，それ以前の動向については，宮城県の数値で代替せざるを得ないため，宮城県の動向をそのまま仙台市の動向であるとみなして，以下の分析を進める。

8) 全国の数値をみると，1980年代および1990年の両年について，全需要のうち公務のシェアは14％から7％に，情報サービス業のシェアは8％から16％になっている。

9) 実際には零細規模事業所が占める割合はもう少し高いと考えられる。本調査においては，零細企業からは十分な協力を得られなかった。
10) これら業務においては事実上の要員派遣であっても，「労働者派遣法」による手続きの面倒さや，予定内で開発などが終わらない場合のコスト増加を避けるために請負契約とされることが多かった。
11) 売上高3位の企業番号b1では，売上高の多くが実質的には要員派遣によるものであり，親会社のリクルートポイント的性格が強い。同4位のB1，10位のA2は機器販売のウェイトが高いために売上高上位にある。
12) さらに，企業番号b5については，コンピュータ・メーカーの子会社で，汎用機は親会社から無償で貸与され，親会社と共用しており，汎用機の有無がb5単独の技術力・生産能力の指標になるかは検討が必要であろう。
13) このような区分の場合，仙台市のソフトウェア産業にとって主要な受注先の1つである金融業の出納管理は，金銭の在庫管理とみなされる。
14) ソフトウェアの開発工程は，システム分析などSE（システムエンジニア）が担う上流部分と，プログラミングなど主にPG（プログラマー）が担う下流部分の2つに大別できる。こうした区分における前者（上流部分）に対する人月単価がSE単価であり，PG単価は後者の人月単価である。
15) コンピュータ・メーカーやメーカー系ソフトウェア企業では，東北各地に広がるユーザーとその受注に対して，このように保守委託を外注委託するほかに，自社のメンテナンス担当者を主要都市に1人だけ配置しているというような場合も少なくなかった（聞き取りによる）。
16) 企業番号a2においても給与体系は親会社と同じであった。
17) 友澤（1989）によれば，このような機構の存在は労働市場の低位性を示すものである。
18) 「システム開発型」事業所とは，従来，メーカーの開発部門のある本社や工場に近い東京あるいは東京圏の事業所で設計されるのが一般的であったが，東京での採用難から地方に立地した事業所である（平和経済計画会議，1985）。

第5章　1990年代以降の情報サービス業の地域的動向

　1980年代における地方中枢都市の情報サービス業は，前章に明らかなように，急速に拡大する過程で，その「周辺性」が強化されつつ，成長していった。
　ところが，バブル崩壊とともにはじまる1990年代前半，急成長と拡大の一途をたどってきた情報サービス業は，大都市圏・地方圏ともに，一転して急激な縮小を余儀なくされる。そうした中で，地方中枢都市の情報サービス業においては，1980年代の急成長，なかでもバブル期の拡大の中で，いわばモラトリアムされていた「周辺性」の問題が顕在化した。
　本章では前章に引き続き，仙台市の情報サービス業を事例とする実態調査の結果を踏まえて，上記の点を明らかにする。この過程で地方中枢都市の情報サービス業が全国的な動向に大きく左右される従属的な存在であったことが再び確認される。
　さらに，1990年代後半における回復過程では，地方中枢都市の情報サービス業における発展の不均等性がみられるようになっている点を示すとともに，その要因を明らかにしていく。

第1節　1990年以降における情報サービス業の動向

　1991年以降における情報サービス業は，1990年代前半における縮小とその後の急速な回復，すなわち「V字回復」と名付けるに相応しい動きに特徴付けられる（図5-1）。
　1990年代前半，それまで拡大の一途をたどってきた情報サービス業が縮小へと転じる。バブル崩壊にともなう「90年代不況（平成不況）」の中で，それま

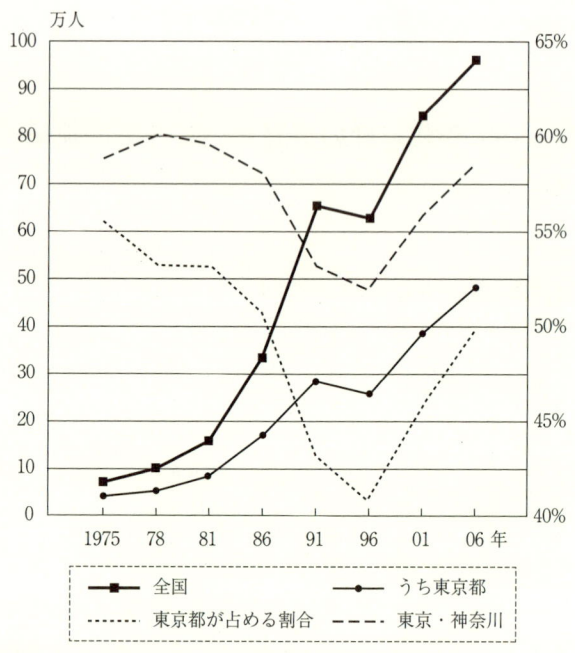

図5-1 情報サービス業従業者数の推移と東京都の占める割合
資料：事業所・企業統計調査

でコスト削減の担い手として，なかば「聖域」となっていた情報化投資も見直されるようになったことなどが影響した[1]。1991～1996年の間に事業所数はわずかながら増加するものの，従業者数では1991年の656,724人が，1996年には630,483人にまで減少する。

　産業全体が縮小していくかにみえた情報サービス業も，1990年代後半には急速な回復をみせる。この回復は1994～1995年頃を「底」とするもので[2]，2001年には情報サービス業従業者数は843,599人となり，1991年のそれを大きく超えている。2006年には従業者数は961,770人までにのぼる[3]。従業者増加数は1996～2001年間で21万人余り，2001～2006年間でも12万人弱と，1991～1996年の間における減少を埋めてなお余りある増加は，まさに「Ｖ字回復」と呼ぶに相応しいものであった。

縮小と回復の2局面で，情報サービス業の地域的な動向もそれぞれ異なっていた。以下，1990年代前半と1990年代後半以降に分けて，それぞれの時期における情報サービス業の地域的な動向について詳しくみていこう。

第2節　1990年代前半における情報サービス業の縮小

1.「中心」における情報サービス業の停滞・縮小

　1990年代前半における情報サービス業の全般的な縮小の中で，とりわけ大きく縮小したのは各地域スケールの「中心」においてであった。

　全国的には東京都の情報サービス業の縮小が顕著であった。東京都では1991～1996年の間，事業所数は微増であったが，従業者数は26,499人減と，全国のそれを上回る減少をみた。その結果，1980年代における地方分散，地方圏の比重増大の中で低下し続けていた東京都・神奈川県の従業者数の割合はさらに低下する。1986年まで50％を超えていた東京都の従業者数が全国に占める割合は1996年には40.8％にまで落ち込む。2都県合計でも，その割合は52.0％にまで低下した。

　東京都区部の縮小はより大きかった。1991～1996年の間に，25万人超の従業者数は3万人近く，10％以上もの減少となった（表5-1）。

　地方圏においても，地方中枢都市における情報サービス業の減少が大きかった。1991～1996年の間，いずれの都市においても事業所数は減少し，従業者数でも札幌市を除いて，軒並み10％近い減少を示した。表には示していないが，地方中枢都市での減少数はいずれも，それぞれの道県全体の減少数を上回っていた。地方中枢都市での縮小がいかに顕著なものであったか理解できよう。

　1980年代の地方圏，なかでもその中心たる地方中枢都市における情報サービス業の「成長」は，前章でみたように，東京圏からの受注によって支えられた「東京受注型」事業所の拡大に特徴付けられるものであった。こうした事業所がバブル崩壊によって急速な縮小を余儀なくされ，さらにその下請的な業務を

表 5-1　主要都市における情報サービス業の動向

	事業所数				従業者数			
	1991年	1996年	2001年	2006年	1991年	1996年	2001年	2006年
全　国	19,935	20,876	28,287	29,095	656,724	630,483	843,599	961,770
東京都区部	6,405	6,586	9,546	10,005	258,245	228,529	350,252	444,038
札幌市	555	495	677	716	11,529	13,079	16,531	18,182
仙台市	358	339	404	411	9,229	8,234	10,716	10,395
広島市	296	283	315	417	8,089	7,441	8,111	9,804
福岡市	621	617	883	952	17,125	15,914	21,729	26,151
全　国	100.0	104.7	141.9	145.9	100.0	96.0	128.5	146.4
東京都区部	100.0	102.8	149.0	156.2	100.0	88.5	135.6	171.9
札幌市	100.0	89.2	122.0	129.0	100.0	113.4	143.4	157.7
仙台市	100.0	94.7	112.8	114.8	100.0	89.2	116.1	112.6
広島市	100.0	95.6	106.4	140.9	100.0	92.0	100.3	121.2
福岡市	100.0	99.4	142.2	153.3	100.0	92.9	126.9	152.7

注：1996年以降はソフトウェア業と情報処理・提供サービス業の合計。
　　下段は1991年を100とした指数。
資料：事業所・企業統計調査

担う事業所も巻き込んだ縮小へとつながった。すなわち，東京圏に集中する需要量の直接的なバッファーになっていた「東京受注型」事業所と，「東京受注型」事業所から仕事を受けて，間接的に東京圏のバッファーとなっていた事業所（仙台市の場合には「仙台受注型」事業所の一部）が，情報サービス需要が減少する中で，縮小・閉鎖に追い込まれたと考えられる。「90年代不況」の下で，これら事業所の「調整弁」としての機能が，事業所の縮小・減少という形でまさに顕在化したといえよう。

　各都市における本・支店別事業所数の変化に，これがうかがわれる（表5-2）。1991～1996年の間，いずれの都市でも，東京に本社（本所）をおく企業の支所・支店等（以下，「東京本社支店」とする）の事業所数・従業者数の減少がみられる。支店従業者数では179人の増加となっている広島市でも，「東京本社支店」の従業者数は445人減少している。また札幌市では従業者数全体が1,070人増加し，支店の従業者も498人増えているのに対し，「東京本社支店」

表 5-2　主要都市の情報サービス業における支店の減少（1991～1996年）

a．事業所数

	総数	単独事業所	本社（自県本社）	支店	自県本社支店	東京本社支店
札幌市	-80	-25	3	-58	-8	-34
仙台市	-17	-3	-19	5	-13	-12
広島市	-12	17	0	-29	-7	-25
福岡市	-37	40	-11	-66	-23	-37
東京都	27	940	-555	-358	-524	-
東京23区	-142	736	-548	-330	-488	-

b．従業者数

	総数	単独事業所	本社（自県本社）	支店	自県本社支店	東京本社支店
札幌市	1,070	-821	1,393	498	522	-882
仙台市	-1,078	-231	-184	-663	-254	-312
広島市	-873	-383	-669	179	521	-445
福岡市	-1,594	499	-753	-1,340	-680	-323
東京都	-33,414	11,258	-18,670	-26,002	-27,600	-
都区部	-34,374	8,218	-20,106	-22,486	-24,089	-

注：数値は情報サービス・調査・広告業のもの。
資料：事業所・企業統計調査

の従業者は-882人と大きく減少した。地方中枢都市での「東京本社支店」の縮小・撤退はかように顕著なものであった。

　これらの支店の多くが，地方中枢都市における市場の拡大を背景に進出してきたというよりは，むしろ本社の抱える膨大なバックログと東京圏での「人手不足」を背景に進出してきた事業所であった。1990年代前半における急速な需要の減少の中で，これら事業所の「整理」が進んだことが「東京本社支店」の

減少として現れたと考えられる。

「東京本社支店」に相当する事業所が各地の地域経済との関係が希薄であったことも，その縮小・撤退が急速に進んだ背景にあった。というのも仙台市の事例でみたように，これら事業所が地方中枢都市に立地したのは，多くの場合，コストダウンとリスク分散を図るためであり，「地元」指向の人材を確保しやすいからであった。「好調」時においてすら地元受注の比重が小さかったことからみても，これらの事業所にとって，その立地した地域での需要の獲得は二次的・三次的な目的に過ぎなかったといえよう。バブル崩壊にともなう全国的な需要量の減少の中で，まず，これら事業所の仕事量が減らされ（その結果として従業者数も減少し），場合によってはスクラップ（事業所の撤退・閉鎖）の対象とされたわけである。

「東京本社支店」の縮小は，それぞれの県内に本社を持つ企業の本社（以下，「自県本社」とする）の縮小，「単独事業所」の縮小にもつながる。広島市で「自県本社」事業所数に変化がないことを除けば，各都市ともに「自県本社」の事業所数・従業者数は減少をみせた[4]。これら企業は，当該地域経済の「成長」との関係というよりは，もっぱら東京圏の需要に依存して拡大していった。そうであればこそ1980年代において「バブル」的に拡大し，支店までを有するようになった。それが急速な需要の減少の中で，企業そのもののが倒産・廃業するか，あるいは支店を廃止して単独事業所化する，という事態を迎えているとみられる。事業所閉鎖までではなくても従業者の削減が図られている場合もあろう。このように「自県本社」の縮小も，「東京本社支店」の減少と同様の理由から余儀なくされた「バブル」の収縮であると考えられる。

2．閉鎖事業所の実態

「東京本社支店」や「自県本社」の縮小・閉鎖の実態を，仙台市の事例からみてみよう。仙台市のソフトウェア産業の実態調査において，取引先までが明らかになった42事業所のうち，4事業所が1998年4月現在までに「消滅」していた[5]。4事業所のうち「自県本社」が2，単独事業所が2であり，「自県本

社」の減少が多かったことを裏付けている。この「自県本社」のうち1社は東京に本社を置く親企業の子会社（域外子会社）であった。この消滅は「東京本社支店」の縮小・閉鎖と同じ論理によって引き起こされたと考えられる。

「消滅」した4事業所はすべて，下請的な業務に特化していた。4事業所のうち，2事業所は情報サービス業者のみから受注をしており，その下請的な業務を担う事業所であった。また残りの2事業所に関しては，「同業者」以外からの受注もしてはいたものの，当該事業所が担うのはプログラミングやコーディングという「下流」工程部分で，やはりこれも下請的な業務に過ぎないものであった。こうした業務を担う事業所・企業がまさに「調整弁」となったのであった。

一方，調査事例の中では「東京本社支店」の消滅はなかった。東京からの受注減少の影響はまず「調整弁」である地場企業に転嫁され，それ以上の縮小が必要になると「東京本社支店」の撤退・閉鎖が余儀なくされる，という構図がうかがわれる。

3．存続事業所の実態と「周辺性」

とはいえ，仙台市の情報サービス業における「消滅」事業所は，上述したように，42事業所中4事業所だけである。この減少数は先に確認した1991～1996年における情報サービス業の減少数と対比して，必ずしも多いとはいえず，「調整弁」としての役割が発揮されたとするのは拙速と考えられるかもしれない。

しかし，その原因を検討すると，減少数の少なさ，つまり存続事業所の多さは，1980年代に刻印された「周辺性」から仙台市の情報サービス業が脱したことを意味するのではなく，むしろ逆に，仙台市における情報サービス業の「周辺性」が大いに関係している。以下，この点を詳しくみていく。

「消滅」事業所が少なかったのは，1992年における実態調査の対象事業所が仙台市でも比較的規模が大きく，計算センター的業務（受託計算）を行っていたことにかかわっている。全国的にみても，バブル崩壊にともなう需要の急激

な減少に大きな影響を受けたのは,下請的地位にある小規模ソフトウェア企業であった。これに対して,大規模事業所や受託計算などの定常業務を主とする情報処理サービス業の事業所では,その影響は比較的小さかった（長井,1996）。対象事業所の多くは後者に相当し,バブル崩壊の影響が比較的軽微で済んだのであった。

　東北地域の需要そのものが,この間も大きく変化しなかったことも「消滅」事業所が少なかった要因であったと考えられる。東北地域の情報サービス需要量の変化を間接的に示す東北地域における情報サービス業の売上高の推移をみると,全国や東京圏がバブル崩壊後の1992～1994年にかけて大きく落ち込んだのに対して,東北地域は同期間にそれほど大きくは減少しなかった（図5-2）[6]。東北地域内からの需要に依存し,それに支えられている事業所にとって,バブル崩壊の影響は必ずしも大きくなかったのである。

　とはいえ,東北地域のこうした一見「安定的」な需要量（売上高）は決して大きなものではない。東北地域の売上高が全国に占める割合は低く,2％に満たなかった（表5-3）。しかも,こうした「安定的」需要の内容をみると,受

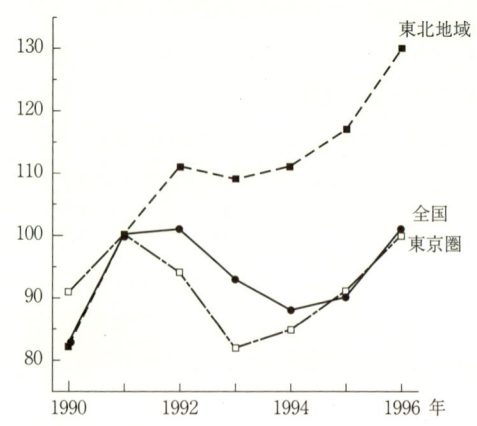

図5-2　情報サービス業の年間売上高の変化
（1991年=100）

資料：特定サービス産業実態調査報告書

表 5-3 東北地域の情報サービス業が全国に占める割合

(%)

年	事業所	従業者	年間売上高
1990	3.2	2.1	1.4
1991	3.7	2.2	1.4
1992	3.6	2.3	1.6
1993	3.6	2.5	1.7
1994	3.5	2.4	1.8
1995	3.6	2.4	1.9
1996	3.6	2.4	1.8

資料：特定サービス産業実態調査報告書

託計算のような定常業務や比較的小規模な事務計算関連のアプリケーション・ソフトウェア開発など，技術的に低位な業務で，単価・付加価値の低い業務が多い。東北地域内の情報サービス業務が相対的に単価・付加価値の低い業務であることは，東北地域における売上高の対全国比が事業所数・従業者数のそれを下回っていたことからも明らかである。

「安定的」な需要の多くは定常業務であり，バブル崩壊によって大きな変化を被ることもなかったので，それを存立基盤とする事業所が大きく縮小することもなかった。したがって1990年代前半において「消滅」事業所が少ないということは，東北地域の情報サービス業が技術的に低位で，単価・付加価値の低い定常業務によって存立していたことのまさに裏返しなのであった。前章で明らかにされたこととの関連でいえば，東北地域の情報サービス業における「周辺性」という特色があるがゆえに存続事業所も多かったと評価できる。

第3節 1990年代後半における情報サービス業の拡大

1. 東京における「V字回復」と地方中枢都市における成長格差

　1990年代後半の「V字回復」の中で，その傾向が著しかったのも，「中心」においてであった。東京都の「V字回復」がもっとも著しい。1996年に25万人台まで落ち込んだ東京都の従業者数は，2001年には約39万人，2006年には約48万人にまで増加している（図5-1）。全国に占める割合も東京都だけで49.9%とほぼ半数を占めるまでになり，神奈川県の従業者数との合計の割合も58.6%と，地方分散がみられる以前，1970年代の水準にまで戻っている。東京での再集積の傾向が顕著である。

　バブル崩壊の中で，アウトソーシングとしての外部化が促進され，大企業の本社機能が集積する東京都において情報サービス業の再拡大がみられるのだと考えられる。事業所サービス業拡大の論理がここでも貫かれているといえよう。

　情報サービス業の回復は地方中枢都市でもみられた。しかしながら，この回復には地方中枢都市間での格差が認められる。結論的にいえば，仙台市・広島市での「不振」と，札幌市・福岡市の「好調」ということができる。これまでに一様な態様とみられていた地方中枢都市における情報サービス業が，ここにきてその動向に違いがみられるようになってきた。仙台市，広島市における2001年の従業者数は1991年を100とすると，それぞれ116.1, 100.3であり，東京都区部（135.6）や他の地方中枢都市に比べて低く，全国（128.5）のそれにも及ばない（表5-1）。一方，「好調」な札幌市・福岡市は2001年の従業者数指数はそれぞれ143.4, 126.9と大きく回復している[7]。

　2006年にはこの差はますます拡がり，札幌市・福岡市では1991年の1.5倍以上の従業者数となっている。それに対して広島市では1.2倍，仙台市で1.1倍にとどまっている。仙台市では2001年よりも従業者数が減少してさえいる。

2．1990年代後半における成長格差の要因

　東京での情報サービス業の顕著な再集積，また地方中枢都市間における情報サービス業の成長格差はなぜ生じてきたのであろうか。その背景には，まず1990年代から進んできた「ネオダマ」（ネットワーク化・オープン化・ダウンサイジング・マルチメディア化）といわれる情報サービス業界を取り巻く技術的・構造的な環境変化がある。「ネオダマ」に対応していくには大型汎用機を中心とした従来型（ホスト系）の技術とは異なる技術が必要とされた。新規技術を取得するためには新たな「投資」（経費，人員，時間）が必要となる。とはいえ，「日本型雇用システム」の下では，人員削減をともなう「入れ替え」を急速に進めることには限界があった。しかも急速な「ネオダマ」の進行の中で，クライアント・サーバーシステムなどの新しい技術（ホスト系）習得に掛けられる時間は限られており，情報サービス業界全体では従来型技術に頼る事業所を，新しい技術を持つ事業所に「置き換えていく」必要に迫られた。結果として，多くの場合，従来（技術）型事業所は閉鎖に追い込まれ（スクラップされ），他方で新規（技術）型事業所が新規企業として参入してくることによって，はじめて対応が可能になった。

　こうした状況下において，東京都では，一方で従来技術型の事業所などが大量廃業しながらも，その一方では新規技術型の単独事業所が大量開業し，事業所数，従業者数が増加していったと考えられる。「ITベンチャー」「ネット企業」などと呼ばれる企業群がこうした新規（技術）型事業所の1つであった。

　地方中枢都市においても，札幌市と福岡市は2000年前後からインターネット関連企業あるいはマルチメディア関連企業の集積地として紹介され，注目されてきた。札幌市はソフトウェア関連のベンチャー企業の集積地（「サッポロバレー」）として，福岡市もマルチメディア・コンテンツ関連企業の集積地として，その交流会（「D2K」）などが注目を集めていた[8]。いずれも「ネオダマ」に対応する新規（技術）型企業（ベンチャー企業）の集積であり，「好調」な両市では「ネオダマ」への対応にともなう，事業所の「新陳代謝」が進むこと

によって，V字回復がみられたと考えられる[9]。

　それに対して，仙台市と広島市，とりわけ仙台市では1980年代の「成長」によって刻印された「周辺性」が払拭されず，独自の「新陳代謝」が進まなかった。「新陳代謝」のためには，新規事業所を創出するような技術的基盤や，創出に貢献する地域的機能（地域環境としてのインキュベーション機能）がみられるかが重要になってくる。札幌市・福岡市と仙台市・広島市とにはその点で明瞭な差異があり，それが都市間の格差を生じさせていると考えられよう。

　また，それ以上に情報サービス業の都市間成長格差は，産業の主体である情報サービス業企業の動向にも強く規定されている。1980年代においては一様に進出先（立地地点）として「選ばれてきた」地方中枢都市も，1990年代後半以降，すべてが常に拠点（支所・支店）を立地させるべき都市とはみなされなくなってきた。その背景には「ネオダマ」とも通じる，これまで以上に進化・深化した情報通信技術の革新（ICT 革命）がある。ICT 革命の中で，従来，もっぱら分断された地域市場（国内市場）を相手にすると考えられてきたサービス部門もグローバル競争に巻き込まれ，その影響が確実に及ぶようになってきた（ポーター，1989）。広域経済圏のサービス圏としての「完結性」が薄まれば，その供給元たる地方中枢都市の「中心性」は相対的に低下することになり，立地主体にとって必ずしも立地させるべき都市ではなくなり，立地は立地主体である企業，とりわけグローバル競争の主体である大企業の動向に強く規定されるようになり，その動向が地域の趨勢にもより強い影響力を持つようになってくる。

　次章ではこれについて詳しくみていこう。

注
1) 長井（1996）は，1980年代後半に展開された都市銀行を中心とした第3次オンライン・システム開発が一巡したことも縮小の要因であるとしている。
2) 『特サビ』によれば1991年以降減少していた事業所数・従業員数は1995年から，年間売上高は1994年から増加に転じている。
3) 産業分類の変更を考慮し，それまで情報サービス業に多くが含まれていた「イ

ンターネット付随サービス業」の従業者数を加えれば，1,008,791人にまでになる。
4) 県内に本社を持つ企業の支店（「自県本社支店」）の従業者数については増加もみられ，広島市では521人増となっている。広島市では例外的に好調だったゲーム関連の地場企業の存在によって「自県本社支店」の従業者が増加したと考えられる。とはいえ，「地方優良ベンチャー」として長く語られ，「好調」を牽引してきた当該企業もその後，自力での資金繰りが困難になり，1998年3月に広島地方裁判所に和議を申請した。
5) 仙台市の「消滅」事業所の確認にあたっては次の資料を用いた。①仙台市商工会議所（1997）。②通商産業省東北通商産業局機械情報産業課（1997）。③日本電信電話株式会社編（1997a，b）。④東北地域情報サービス産業懇談会・会員名簿（1998年1月現在），である。また東北地域情報サービス産業懇談会での聞き取り結果も参考にした。
6) 図に示した東北地域の情報サービス業の売上高，つまり東北地域内の情報サービス業が受注する業務が東北地域内の需要であるとは限らない。とはいえ，『特サビ』では調査方法の問題から，実際には50％に満たない域内自給率が，90％以上になる場合が多く，域内の売上高は域内の需要規模をある程度表していると考えられる。『特サビ』の問題点についてはすでに触れたとおりである。
7) ただし，2001年の福岡市における従業者数の指数も全国より低い。とはいえ，この間のV字回復の動向は東京都区部における増減が大きく関係しており，東京都区部を除いた全国の指数（123.8）と比べれば，福岡市の方が2001年の指数は高い。なお，東京都区部を除いた全国の1996年における従業者数の指数は100.9であり，従業者は一貫して増加していたことになる。1991～1996年の間の減少が東京都区部や地方中枢都市などの都市でいかに大きかったかが分かる。
8) 両市の当該産業に関しては様々な報告がある。札幌市については，北海道情報産業史編集委員会編（1998），「サッポロバレースピリット」編集委員会編（2002）がとくに詳しい。福岡市については藤丸（2000），影山（2001）などの報告がある。
9) とはいえ，いわゆる「ネットバブル」崩壊により，札幌市での「成長」にも「陰りがみえる」ことが報告されるようになっている（たとえば，北海道新聞，2003年7月15日）。2001～2006年の間において，札幌市の事業所数・従業者数の伸びに鈍化がみられたのは，その現れである。ただ，その趨勢を評価するにはより詳細な分析と時間が必要であろう。

第6章　企業グループ戦略の展開と事業所サービス子会社

　ここまでみてきたような，地方中枢都市における情報サービス業の周辺性の再編・強化には，情報サービス業大手企業（地方中枢都市からみると，域外資本）グループの立地・配置の再編も深く関係している。本章では，こうした企業グループの戦略がいかに決定され，グループ内企業（子会社・関連会社）の立地・配置を含む展開・動向にいかなる影響を与えているのか，企業グループの観点から検討する。

　分析対象とするのはA社グループ，なかでもその日本法人・日本A社と，その子会社・関連会社（以下，特に断りのない限り，出資比率に関係なく子会社とする）の展開である。A社グループはコンピュータ関連の世界的企業グループであるとともに，事業の比重を製造部門からサービス部門へと移行させる戦略で先行する企業であり，その点で日本の大手コンピュータ・メーカーにとって「手本」と目される企業である。

　A社グループの動向とその日本法人・日本A社における子会社の展開について，子会社が初めて設立された1980年代以降，とりわけ1990年代を中心に詳細に検討する。特に1990年代を対象とするのは，この時期にA社グループの再編成の中で，統一的なグループ戦略が日本A社とその子会社の動向に対してより大きな影響力を持つようになったからである。形式的には独立した企業である子会社・関連会社が，実際には企業グループの戦略や組織再編に強く規定され，その展開や再編には企業グループの論理が貫徹されていること，企業グループの展開が1990年代前半の地方圏における情報サービス業の縮小や1990年代後半以降の拡大における都市間の成長格差にも強く関わっていることが看取される。

第1節　A社グループの概要と1980年代における日本A社の子会社設立

　A社グループ(以下，A社とする)は，世界170ヵ国以上に展開し，31万人以上の従業員を抱えている(2003年のデータ；日本A社ホームページによる)。日本A社はA社の日本法人であり，A社における海外法人統括会社の100％子会社である[1]。

　現地法人を100％子会社にするのはA社のもっとも基本的な海外戦略である(椎名, 2001, p.49)。外資の直接投資を制限している国に進出する場合においてさえ，A社は基本的にはこの原則を守り，現地資本との合弁方式での進出を受け入れていない。この背景には，かつて100％子会社の原則を崩して進出した英国において，A社がグローバル単位での経営を追求したのに対して，現地株主は「地元」の利害を優先したことから，経営方針をめぐって両者の間に軋轢が生じたという経験がある。こうしたリスクの回避を目的に，A社は現地法人の100％子会社原則を堅持している。それに加えて，現地法人のトップは現地人で構成するということも，A社の原則となっている。これは現地化を進め，人材確保を容易にし，業績を拡大していくためとされる。A社でもっとも重視されているのは全社規模(グローバル規模)で業績を高めることであり，その目的のために「現地法人は100％子会社，現地法人のトップは現地人」の組み合わせが貫かれている(椎名, 2001, p.49)。

　日本A社の設立は1937年にまで遡る。とはいえ，ここでの分析対象となる同社の子会社展開は1981年になってようやく開始された。1980年代に入って，日本A社は「コンピュータの大衆化」に対応すべく「経営革新」に着手する。その一環として，マーケティング・製造能力の拡張，ソフトウェアの開発，新しい事業分野への進出，という3つの目的を達成するために，それまでの40年以上の歴史において設立されたことがなかった子会社の設立に踏み切った。

　1981年は，アメリカ合衆国にあるA社の本体(以下，A社本体と略)におい

てCEO（Chief Executive Officer：最高経営責任者）が交代した年であった。このCEOの下での新しい戦略として、「従来のビジネスのありかたに拘束されない柔軟な経営姿勢が必要であることが強調され、新しい市場向けの新製品開発のため社内に独立性の高い機動性に富むビジネス・ユニットを設置し、他のメーカーとの提携や子会社の設立を進めたり、さらに特約店や小売店など社外の流通チャネルを利用するというような思い切った経営革新」（日本経営史研究所編，1988, p.445）が打ち出され、次々と実行に移されていった。子会社設立をはじめとする日本A社の「経営革新」も、A社本体の新たな戦略と、その下での経営革新に対応するものであった。

しかし、日本A社の子会社設立は、当初それほど活発なものではなかった（図6-1）。1981～1986年の子会社設立数をみると、1983年に3社が設立されるものの、それ以外の年では1～2社の設立にとどまっている。

子会社設立が加速化されるのは1987年以降であり、とりわけ1987～1993年の間の設立が非常に多くなっている。1987年の子会社設立は7社であり、それまでの年平均2社に満たない状況から一変する。1988年は2社にとどまるが、その後、1989年に8社、1990年には13社となる。1991年には8社に戻るが、1992年と1993年が子会社設立数のピークで、この2年間で30社が設立される。1994年からは再び設立数が減少し、1996年、1997年には設立数は0となった。

これを立地の側面からみると、この時期における日本A社の子会社展開は、基本的には東京圏に集中している。東京圏における子会社の設立は、図6-1の87社のうち60社に達する。東京圏外の子会社は27社と少ない。ただし、そのうち24社の設立はこの時期に集中しており、この時期における子会社の積極的な設立・展開とその異質性が確認できる。

このように1987～1993年の間に積極的な子会社設立がみられたとはいえ、より立ち入ってみると、1987～1990年の間と1991～1993年の間とでは、A社を取り巻く市場環境・競争条件とそれにもとづく企業戦略、そして、そこから生じる子会社設立の目的は大きく異なっていた。このことはまず日本A社の子会社への出資比率の動向から認められる[2]。

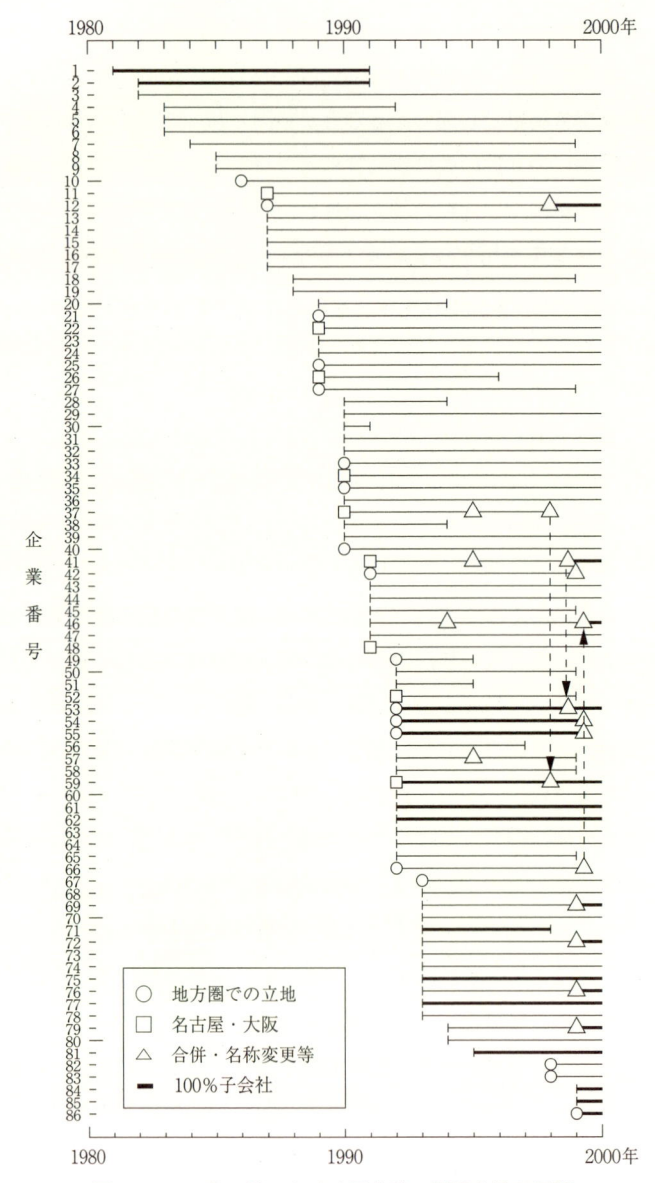

図6-1　日本A社における子会社・関連会社の展開

資料：日本の企業グループ（各年版），ACCESS（各号），日本A社資料

1987～1990年における日本A社の子会社設立は1981年から続く「経営革新」戦略の延長線上にあった。この間に設立された30の子会社のうち19社までが，日本A社からの出資比率が35％であった。日本A社における関連会社の設立では，この時期に限らず，35％出資という場合が多い。持ち株比率が3分の1を超えていれば，株主総会の特別決議に拒否権を行使でき，50％以上の出資である商法上の子会社としなくても，実質的なコントロールは可能となるからである[3]。その他の子会社についても出資比率20～40％がほとんどであり，50％以上出資の企業は3社に過ぎない。しかも3社すべてがちょうど50％の出資であった。各子会社への出資企業は，日本A社以外には1～2社に過ぎないことが多かった。それらはソフトウェア開発企業や商社など，コンピュータのユーザー企業であった。

50％出資が3社しかない一方で，他社の出資比率の方が高くなっていることが多いことからもわかるように，1980年代における日本A社の子会社設立は，子会社を直接的に支配しつつ，それを利用したコストダウンやリスク分散を行うことを目的としていたものではなく（あるいは，そうしたことを目的としたというよりも），共同出資によって機器の販売先（ユーザー）を確保するとともに，そこでの運用やメンテナンスなどのサービス業務によって継続的な収入を獲得するための手段としていた，と評価できよう。これが1990年代になると大きく変化する。

第2節　1990年代の事業再構築とグループ経営

1．1990年代前半のリストラと完全子会社の設立

1990年代になると，A社を取り巻く競争条件は大きく変化し，それが子会社設立にも大きな影響を及ぼし，子会社展開をめぐる戦略も大きく見直されることとなる。

日本A社では，1991年から売上高利益率が急落し始め，1993年には赤字を計

上する。そのため，事業再構築（以下，リストラ）が急務の課題となった。リストラの柱は，日本A社の三分社化，人員削減，経費削減の3つであった。なかでも人員削減では早期退職制度の導入とともに，子会社を設立し，社員を出向・転籍させることによって従業員数を削減することが企図された。これによって1991～1993年には子会社の設立が活発化し，それまでとは性格の異なる多数の子会社が新設されることになる。

1991～1992年には26社の子会社が設立されている。この時期に設立された子会社のうち14社までがソフトウェアの開発・販売を担う企業であった。リストラの中で，機器販売に頼るだけではなく，ソフトウェア開発・販売を行う子会社を設立して業務を拡充することが企図された。これらの子会社群は地域SE会社とソリューション・ラボと呼ばれる，いずれも比較的小規模な企業であり，「地元密着」を謳って地方中枢都市などに配置された（図6-2）。地元密着とは，A社コンピュータの利用割合が低い中堅・中小企業（従業員規模が1,000人程度以下の企業）の需要を開拓することの別な表現であった。当時，A社コンピュータのシェアは大企業では12％程度であったのに対し，中堅・中小企業では5～6％であり，中小レベルには市場開拓の余地が十分あるという判断が

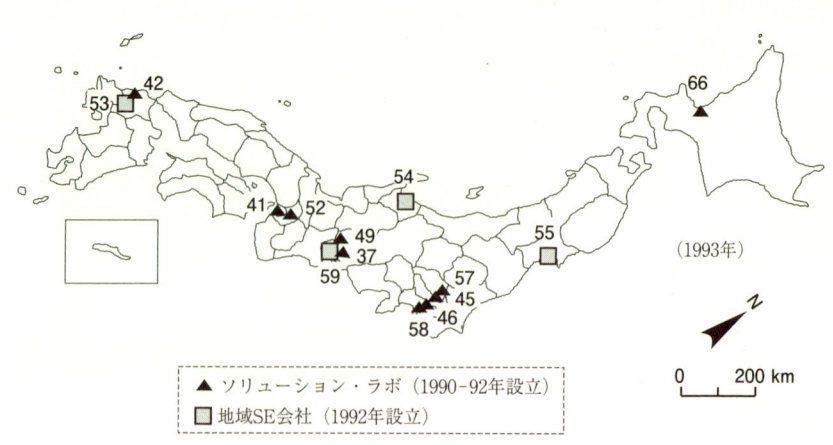

図6-2　地域SE会社とソリューション・ラボの配置

注：番号は企業番号（図6-1参照参照）。
資料：日本の企業グループ（各年版），各社ホームページ，聞き取り調査

働いた（聞き取りによる）。

それと同時に，この時期に設立された子会社には，当然のことながら，日本A社本体の余剰人員を吸収する「受け皿」としての機能も併せて担わせることになる。26社のうち9社までが50％以上出資の子会社であり，うち6社は100％子会社（完全子会社）であった。100％子会社は1980年代初頭に設立がみられただけで，その後，しばらく新設されることはなかったが，1992年以降になって100％子会社の設立が再びみられるようになった（図6-1）。

A社グループにおける100％子会社の意義は，前述のとおり「全体の業績を高める手段としての存在」であり，この時期の100％子会社はリストラの「受け皿」としての機能を強く担うものであった。実際に子会社は日本A社の人員削減にともなう社員の出向・転籍先となっていた。特に1992年10月から実行された「第1次リストラ」と呼ばれる時期には，日本A社退職者の1,632人のうち845人までが子会社に移っている（根津・谷江，1997）。後述する日本A社の子会社・東北B社もこの時期に100％子会社として設立され，日本A社からの出向社員と東北B社採用の社員（プロパー社員）がほぼ半数ずつでスタートした（表6-1）。

1991～1992年と並んで子会社設立のピークをなす1993年には子会社が12社設

表6-1　東北B社の従業者数・売上高

	合計				売上高（百万円）
		出向	プロパー	その他	
1992年	15	8	7	0	243
1993年	16	8	8	0	593
1994年	17	8	9	0	713
1995年	18	8	9	1	862
1996年	23	10	12	1	969
1997年	24	9	13	2	995
1998年	30	8	18	4	1,141
1999年	30	8	21	1	1,459

資料：聞き取り調査，情報サービス企業台帳（各年版）

立され,そのうち6社までが「退職者共同出資会社」であった。退職者共同出資会社とは,新設企業の役員となる退職者と日本A社の共同出資(多くの場合,日本A社が35%出資,残り65%が新役員らの出資)によって設立された会社である。定年年齢引き下げの中で,早期退職者の転籍先となるとともに,出向者の受け入れ先として機能する子会社であった。当該会社は人員削減における「受け皿」会社であるとともに,購買代行などを行う事務機能のアウトソーシング先でもあり,リストラの柱の1つである経費削減にも大きく貢献する会社であった。

2. 地域SE会社の設立

1990年代前半における大規模なリストラの一貫として,日本A社はソフトウェア開発・システム設計を行う子会社を設立して業務を拡充する一方で,その子会社に日本A社の余剰人員を吸収する「受け皿」としての機能を担わせた。この2つの機能を同時に担うのが,地域SE会社であった。すなわち,ソフトウェアを開発するとともに,余剰人員の「受け皿」としての機能を同時に持ち合わせていた企業であった。

地域SE会社の1つである,仙台市に設立された東北B社は,日本A社東北支社が受注した業務のうち,ソフトウェア開発・導入・保守を担う子会社であった。そのため営業は日本A社東北支社が行い,東北B社は独自の営業活動はしていなかった[4]。

設立年である1992年は決算まで8ヵ月しかなかったこともあって売上高も低かったが,その後,売上高は順調に伸びていく(表6-1)。従業員数もそれに呼応して,1996年と1998年に増員された。東北B社は,A社内で「ニュービジネス」と呼ばれるA社コンピュータへの切り替え需要や,仙台市では大きな比重を占める東北電力関連の業務を新規に受注するなどして,着実な成長をみせていた。

3．1990年代半ばの回復と子会社の統合

　東北Ｂ社のような子会社の設立を含めたリストラも奏効して，1994年には日本Ａ社の売上高利益率も回復する。三分社化されていた日本Ａ社が再統合されるとともに，一部の子会社も1995年にかけて統合された。

　この統合の背景には「ソリューション・ビジネス」へのＡ社全体の取り組みがある。ソリューション（solution）とは文字どおり，問題解決のことである。ソリューション・ビジネスとは，単に顧客にハードウェアやソフトウェアを購入してもらうというのではなく，顧客が抱える「問題」に対応して，その解決の方法を購入してもらうという考え方である。ソリューション・ビジネスは顧客の問題に合わせて，ソリューションの企画や設計を行い，それに必要なハードウェアとソフトウェアをマッチングする，いわばコンピュータを利用した業務改革に関するコンサルタント的なサービス事業である。そのため受注にあたっては，顧客の様々な業務に通じていること，各種のハードやソフトを熟知していることが重要になる。ソリューション・ビジネスでは組織力（総合力）が重視されるといわれる所以である。何故，組織力（総合力）があらためて問われるかといえば，個々のSE（システムエンジニア）にはそれぞれ得意業種・業務があり，また機種に関してもメインフレーム（大型計算機）からパーソナル・コンピュータまで多様な機種のある中で，自ずと得意とする分野が限定されており，それら個々の得意分野をいかに組織的にまとめ上げていくか，それによっていかに新たなソリューションを構築するかが問題だったからである[5]。グループ全体でのソリューション・ビジネスへの転換によって，まさに組織力が重視され，それとの接合性から，日本Ａ社および子会社の一部を再び統合することが選択された。

第3節　1990年代末以降における子会社・関連会社の再編成

　日本Ａ社は，上述のように1994年に売上高利益率を回復し，その後は堅調な

業績を示した。そうした中で1990年代半ばにおいては子会社の設立・統合もほとんどなされず，1996年と1997年の子会社設立数は0であった。ここからも1990年代前半における活発な子会社設立がリストラのためであったことが容易に推測される。

業績は安定していたものの，日本A社では1999年から再び，子会社の再編がドラスティックに進められることになる。この中で東北B社も大きな変化を余儀なくされる。この時期の子会社再編における特徴は，第一には子会社設立をともなうアウトソーシングの推進であり，第二には子会社の統合・改編であった。

日本A社はアウトソーシングの推進のために，総務，財務それぞれのサービスを担う2つの子会社を設立する（1999年；いずれも100％出資）。またすでにあった人事サービス関連子会社（前述の退職者共同出資会社の1つ；出資率35％）の出資比率を引き上げ，100％子会社とした（1999年）。総務，財務，人事という企業の中枢機能の一部までを担う子会社が設立・改編されて強化され，日本A社における本社機能それ自体のアウトソーシングが一層進められた。

他方，子会社の統合・改編においては，上述の地域SE会社とソリューション・ラボが大幅に統合されることになった。この背景にはA社における「サービス・カンパニー」への脱却という長期的戦略，世界的な「企業規模」を考慮した競争戦略，さらにはそれにともなう組織改革がある。

A社では1990年代半ばからグローバルな「サービス・カンパニー」として存立するため，世界的な規模で，統一されたサービスを提供することを重要な戦略の1つとした。その戦略を具現化するため，世界全体のサービス事業を一元化する組織の創設を図る。それまで世界中で統一されていなかったサービスの手法，価格，サービス内容，条件，ブランド名を統一するためである（ガースナー，2002，p.180）。これによって，世界的な規模で，統一されたグループとして行動して，グローバル競争に「打ち勝とう」とした[6]。

「サービス・カンパニー」の中心業務であるソリューション・ビジネスは顧客の問題解決にとって最適な製品があれば，自社製品よりも競合他社の製品を

推薦し,さらにはその販売をも行うビジネス形態である。それは当然ながら自社の営業部門との対立を生む[7]。そこで,ソリューション・ビジネスを進めていく上では,ハードウェア事業や営業部門よりもサービス(ソリューション)事業部門を中心的組織として位置付けねばならない。とはいえ,当時A社本体ではサービス事業は営業部門の下部組織であった。そこで,上部組織であったハードウェア事業や営業部門を副次的な部門とし,サービス事業こそが戦略の中心となるように,企業組織を再編成する必要があったのである。

以上の2点,つまりサービス事業を世界的に一元化すること,サービス部門と営業部門との関係を整備することを目的として,1996年にA社は「グローバル・サービス事業部門」を営業部門から独立した部門として新設した(ガースナー,2002,p.180)。

こうした事業展開の一環として,日本では4社の「地域ソリューション会社」が設立された。4社はいずれもグローバル・サービス事業部門系の子会社として位置付けられ,その日本での担い手とされている(日本A社ホームページによる)。これらは地域SE会社とソリューション・ラボを統合する形で設

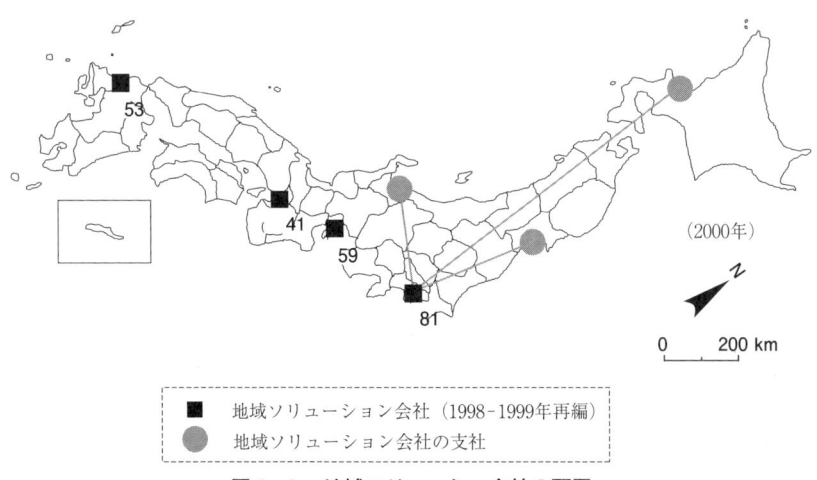

図6-3 地域ソリューショ会社の配置

注:番号は企業番号(図6-1参照)。
資料:日本の企業グループ(各年版),各社ホームページ,聞き取り調査

図6-4 日本A社における地域ソリューション会社への統合

	企業番号	性格	本社所在地		企業番号	性格	本社所在地	従業者数(2001年)
北海道	66	SL	札幌					
東北	55	SE	仙台 ○					
関東北陸	57	SL	浦和		81	SS	川崎 ○	263名
	45	SL	東京					
	46	SL	東京					
	58	SL	横浜					
	54	SE	富山 ○					
中部	59	SE	名古屋 ○		59	SS	名古屋 ○	374名
	37	SL	名古屋					
	49	SL	刈谷					
近畿	41	SL	大阪		41	SS	大阪	約100名
	52	SL	大阪					
中四国								
九州	53	SE	福岡		53	SS	福岡 ○	81名
	42	SL	福岡 ○					

注:SL=ソリューション・ラボ,SE=地域システムエンジニアリング会社,SS=地域ソリューション会社。本社所在地の東京とは東京都区部のことで,その他は所在市名。○は日本A社事業所同一地点での立地を表す。企業番号57,45,58,52は出資比率減によって非関連会社化。企業番号49については詳細不明。
資料:日本の企業グループ(各年版),各社ホームページ,日本A社ホームページ。

立された(図6-3)。この中で,札幌市のソリューション・ラボ(企業番号66),仙台市の地域SE会社・東北B社(企業番号55),富山市の地域SE会社(企業番号54)は,1993年に設立されていた地域ソリューション会社(100%子会社;企業番号81)のそれぞれ北海道支社,東北支社,北陸支社として統合される(図6-4)。

東北B社は前述の通り,開設以来,売上高を伸ばしていた。また労働生産性も従業員の増員等によって多少の変動はあるものの,大きく低下することはなかった[8]。1999年には売上高も労働生産性も過去最高であった。こうした好業績を続けていたにもかかわらず,東北B社は他の2社と統合されることになった。その際に考慮されたのは従業者規模であった。地域SE会社はいずれも30

人程度の企業規模であり[9]，その点で機動性には優れていた[10]。その反面で，50人以下の規模では通常業務をこなしていくことに追われ，「新規事業研修に人を割けない」という現実的問題を抱えていた。このことが「新規業務を受注できない」ということにつながるとともに，グローバル・サービス事業を推進していく上でのネックとなっていた（聞き取りによる）。その対策として，統合によって企業の従業者規模を拡大することが選択される。企業規模の拡大は前述のとおり，グループ全体でのソリューション・ビジネスへの転換と，それにともなう組織力重視戦略への対応の一環でもあった。

　この再編においては，再編段階における子会社の短期的利益やコストの追求よりも，長期的かつ世界的な視野に立った企業戦略が優先されている。これが統合という形で，それまでの組織を変更させることとなった。これによって，仙台市では東北B社という子会社が，当該企業自体の業績や生産性とは直接関係なく，突然「消滅」することになった。

　さらに，2002年10月には企業番号81に関連する，さらなる子会社統合が実施された。企業番号81の北海道支社（もとの企業番号66）は分割されて，札幌市に本社のある別の100％子会社（企業番号12）に統合された。また北陸支社（もとの企業番号54）も分割されて，名古屋に本社のある地域ソリューション会社（企業番号59）に統合された。地域ごとに子会社を統合し，業務を効率化することが目的である（日経産業新聞，2002年7月23日）。また企業番号81そのものは，大阪市に本社を置く地域ソリューション会社（企業番号41）と，2002年4月に日本A社が100％子会社として吸収したX社との2社を吸収する[11]。この合併も日本A社の子会社再編成方針（「地域特化」，「ソリューション特化」）に基づくものである（日本A社ホームページによる）。これらの再編はそれぞれの子会社を特定の地域市場に「集中化」させるか，特定業務に「集中化」させるという戦略の結果であり，それは1990年代初頭頃のように，それぞれの地域（とその中心たる地方中枢都市）にそれぞれ子会社を立地させるのとは異なる子会社配置となって顕在化している。

　日本A社がこうしたグループ戦略の下で子会社の編成を決定・実行し，そう

した戦略に子会社の動向は強く規定されている。子会社自体が立地地域において「好調」であっても，それとは関係なく再編を余儀なくされることさえもあるのである。

第4節　小括

　企業グループの子会社・関連会社は，以上にみてきたように，企業グループの戦略やそれに対応した組織再編に強く規定されている。情報サービス業の立地・配置やその展開は，個々の情報サービス業企業の論理だけによって決まるものではなく，むしろそれを一部として内包する企業グループを取り巻く市場環境・競争条件やそれに対応するグループの戦略・行動に大きく左右されている。本章で取り上げた日本A社の場合には，グループ本体やグループ全体が置かれているグローバルな市場競争・競争条件にもその行動や組織が規定されていた。日本A社の立地展開は国内に限定されていても，より広い視野からその動向を見据えなければ，その展開要因すらも解明できない程度にまでグローバル化は進展している。また，その進展はA社グループのような典型的な世界的企業グループにだけでなく，地域市場（国内市場）を相手にすると考えられてきたサービス部門の中小企業にも，その影響を確実に及ぼすようになってきている。

　こうした状況下において，日本A社における情報サービス子会社の再編は地方中枢都市においてもなされた。地方圏においては相対的に事業所サービス業の配置に「恵まれた」地方中枢都市といえども，その情報サービス業の立地・配置は，地域に「根ざした」ものではなかったこともあって，企業とりわけ大企業の戦略や行動に強く規定されることになったのである。

　事業所サービス業の拡大において「外部化」が重要な役割を果たしている以上，こうした傾向は情報サービス業に限らず，他の事業所サービス業においても同様である。言い換えれば，情報サービス業をはじめとする事業所サービス業は，立地地域の地域経済に組み込まれて「内実化」しているというよりも，

市場環境・競争条件の変化やそれに対応する企業の対応・戦略に規定されてきたし，規定されている点がますます鮮明になっているのである。

注
1) A社の本体であるアメリカ合衆国のA社からみれば，統括会社が子会社であり，日本A社は孫会社にあたる。
2) A社本体が海外直接投資をする場合には，上述のように100％子会社を原則としている。ただし，現地法人の子会社（A社本体からみれば孫会社）は必ずしもそのようになってはおらず，日本A社の子会社も100％子会社は総じて少ない（図6－1図参照）。また，それぞれの時期において日本A社の置かれた状況と子会社への出資比率の特徴には関連性が認められ，時期ごとに異なる子会社への出資比率の違いが，それぞれの時期における戦略の違いとして認識できる。
3) 会社の重要事項に関する決議には株主総会における特別決議を要する。商法における会社の重要事項とは，定款変更，営業譲渡，取締役の解任，会社の解散・合併などであり，株主総会に出席した株主の有する議決権の3分の2以上の賛成が必要となる。
4) 日本A社東北支社と東北B社は同一地点に立地していた。日本A社の子会社は日本A社との同一地点に立地することも多く，子会社87社中31社が同一地点の立地である。東北B社と日本A社東北支店は同じビルの別フロアにあった。
5) 実際，日本A社では業種専任グループや機種専任グループなどが設けられ，営業活動では当該業種グループ員と当該機種グループ員とがそろって顧客企業に訪問するようなことが一般的である（聞き取りによる）。
6) これにはA社の海外での受注エピソードが関係しているといわれている（聞き取りによる）。ヨーロッパの航空会社のシステム受注において，他社との競争に敗れたA社本体のCEOは，「A社の組織力こそ競争力になる」ことを強調するようになる。縦割組織で専門化して競争するのではなく，大きな組織内の連携によって柔軟に対応することで他社との競争に打ち勝つとして，全社的な組織の柔軟化による競争力強化を図ったのである。
7) A社のサービス事業と製品部門や営業部門との対立は激しかった。それに対してA社本体のCEOは営業部門に「サービス部門も自分たちの製品の流通チャネルとみるべきだ」ということを主張し，サービス部門が自社製品の「有力顧客」となるような製品製造を要求した（ガースナー，2002，p.179）。ソリューション・ビジネスの真のねらいと実態を表す逸話である。
8) 日本A社ではシステムエンジニア1人当たり生産性が，事業所や子会社の評価

とそれにともなう人員配置の際に重視されている（聞き取りによる）。
 9) 東北B社以外の地域SE会社の従業員数（1999年）は次の通りであった。企業番号54（富山市）は22人，企業番号53（福岡市）は32人。なお，企業番号59（名古屋市）は1999年にはすでに地域ソリューション会社に改組されており，その従業員数は181人であった。
10) 東北B社の特徴として，次のことが謳われていた。「A社グループとしての『高度な技術力』に，コンパクトな会社ならではの機動力と柔軟性を加味」（東北B社パンフレットによる）。
11) 合併後の名称はX社（2002年4月に日本A社が100％子会社化した企業）の名称であるが，登記上の存続会社は企業番号81である（日本A社ホームページによる）。

第7章　情報サービスの地域的循環

　事業所サービス業の立地に「恵まれない」状況にあった地方圏の中で，その立地の「恩恵」を受けてきたのが地方中枢都市であった。しかしながら，その実態は，前章までの情報サービス業に関する詳細な検討によって明らかなように，その「周辺性」が依然として根強い。市場環境・競争条件の変化や技術革新の下で，むしろそれは強化され，域外からの影響をますます強く受けるようになっている。

　ただ，高度に地域間分業が進んだ現在，たとえ「域外支配」が進み，地域経済の「完結性」が一層弱くなったとしても，情報サービス業が移出性を示し，ベーシック産業（基盤産業）として地域経済の発展に寄与しているとすれば，それは問題視されるものではないとも評価できる。域内産業との密接な連関が形成され，域内経済循環への「内実化」が進んでいれば「外来型開発」も有効であると評価することができるからである。そうした評価は情報サービス業をめぐる地域的循環に焦点を当て，定量的な分析を踏まえてこそ可能になる。

　そこで本章では情報サービス業をめぐる地域的循環の実態に関して詳細な分析を行い，その側面から地方圏における情報サービス業の特徴をさらに明らかにしていく。ここでいう情報サービス業をめぐる地域的循環とは，第一に情報サービス業の立地を基礎にして展開する情報サービス需給における地域内・間の流動（フロー）であり，第二に情報サービス業をめぐる所得の地域内・間流動のことである。

第1節 本章の資料と方法

本章では,地域産業連関表を用いた分析を軸とする。地域産業連関表は地域ごとの産業別の投入額,地域別の投入先地域,産出先地域の検証が可能であり,地域的循環を捉える上で非常に有用な資料である[1]。ここでは情報サービスへの投入額を情報サービスの需要額として,情報サービス業の産出額を情報サービスの生産額(供給額)と読み換えて分析する。

本章では,まず地域産業連関表から全国的な情報サービスの地域間フローの実態を明らかにする。次いで東北地域を事例として,情報サービスの地域内・間におけるフローをより詳細に分析し,東北地域経済との連関を考察する。

とはいえ,これらの統計的分析だけからでは情報サービス業の地理的偏在性,つまりその東京一極集中を引き起こす要因にまで踏み込んで捉えることはできない。そこで,仙台市での実態調査を踏まえた分析を行い,情報サービス業の集中要因の1つとなっている情報サービス需要にみられる東京一極集中の要因を明らかにする。

情報サービス需要における東京一極集中の要因は多様であるとともに,相互に関連して重層的である。そこで情報サービス需要の集中形態・要因から,企業間の取引関係を通じた集中である「市場を介した集中」と,複数事業所企業内における事業所間の分業関係にもとづいた本社への需要の集中である「組織を介した集中」の2つに大別し,その種々の内因を考察する。「組織を介した集中」は需要のみならず,本社への所得の集中をも惹起する。こうした所得の本社への集中について,それがどの程度であるかはこれまで必ずしも十分に明らかにされてはいない[2]。本章では東京都産業連関表を用いて,その具体的検討をも行った。

なお,資料の制約と実態調査との整合性から,主として対象とする時期は1990年前後の状況である。とはいえ,ここにみられる構造は,1990年代を過ぎても地方中枢都市の情報サービス業に認められた「周辺性」が本質的に変化し

ていないのと同じように,ほとんど変化がみられてはいない[3]。

第2節 情報サービスの地域的流動

1. 情報サービス需要の地域的集中

情報サービス業の立地・配置の態様を一言でいえば,それは一貫した「東京一極集中」である。繰り返し指摘しているように,関東とりわけ東京圏への情報サービス業の集積が顕著である。それとともに,全国的規模での情報サービス需要と供給の地域的集中というフローの面での集中もみられる。

各地域で発生する情報サービス需要の地域別割合をみると,各地域における情報サービス需要額の対全国比は,全産業の生産額のそれと大差がない(表7-1)。これに対して情報サービスの「生産」,つまり供給は関東に集中してい

表7-1 地域別にみた情報サービス需要と生産のギャップ(1995年)

(単位:%)

	全産業の生産額	情報サービス		需給ギャップ
		需要額	生産額	
北海道	3.8	3.4	2.1	-1.2
東 北	6.5	6.2	3.3	-2.9
関 東	42.6	47.2	66.8	19.6
中 部	12.0	10.1	5.9	-4.2
近 畿	17.3	16.3	13.0	-3.4
中 国	6.0	5.3	2.6	-2.6
四 国	2.9	2.7	1.3	-1.4
九 州	8.4	8.2	4.4	-3.8
沖 縄	0.6	0.6	0.5	-0.1
全 国	100.0	100.0	100.0	0.0

注:調査・情報サービスのデータによる。
　　地域区分は通商産業局の管轄地域。
資料:地域間産業連関表(1995年)

る。関東における情報サービス生産は全国の3分の2を占める。関東に次いで生産額の大きい近畿（13.0％）でさえ，関東の5分の1以下の規模にとどまる。

情報サービスの需要と生産（供給）との地域的ギャップを埋めるように，地域間での需要に対する供給のフローが生じている。両者の地域的なギャップをみると，生産額の地域別割合が需要額のそれを上回る地域は関東のみであり，その差は20ポイント近い。その他の地域ではいずれも域内生産額が需要額を下回り，域内の情報サービス生産だけでは域内の需要を満たすことができない。

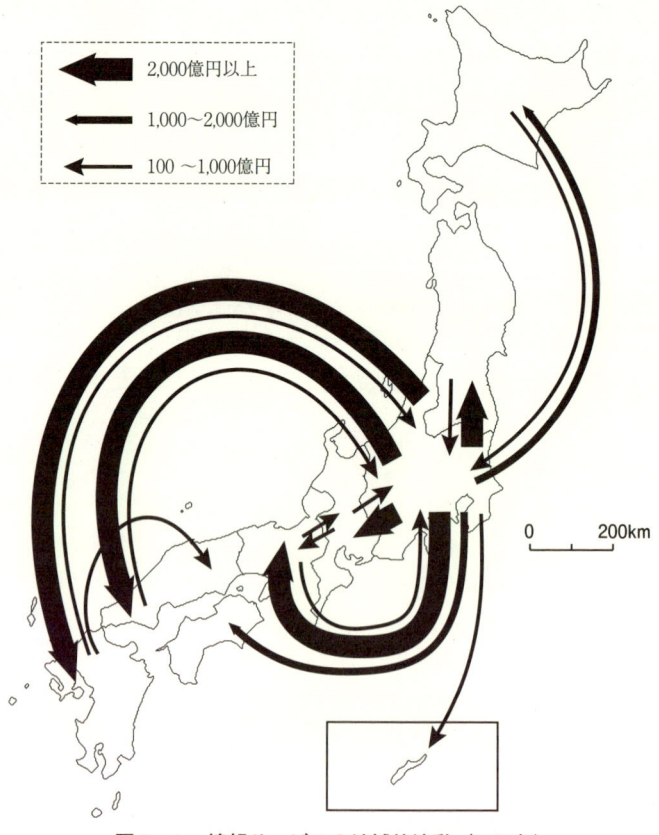

図7-1　情報サービスの地域的流動（1995年）
資料：地域産業連関表（1995年版）

当然のことながら，情報サービス需要のうち，域内自給できない部分は他の地域からの供給に依存することになる。関東以外ではいずれの地域においても，域外から供給される情報サービスの大部分が関東からの移入であり，関東からの供給に強く依存している。

金額ベースでみると，沖縄を除くいずれの地域も，関東からの供給額が1,000億円を超えており，2,000億円を超える場合も少なくない（図7-1）。1,000億円を超える供給は関東以外からはなく，関東からの供給を除くと，地域間の流動は少ない。その結果として，各地域の域内需要に対する関東からの供給が高い比率を占めており，関東への依存がきわめて強い（図7-2）。いずれの地域においても，関東からの供給が他地域からの供給では最大であり，関東に次ぐ情報サービス業の集積地である近畿で関東からの供給が24.1%となっている以外は，域内需要の半分近く，あるいはそれ以上を関東に依存している。

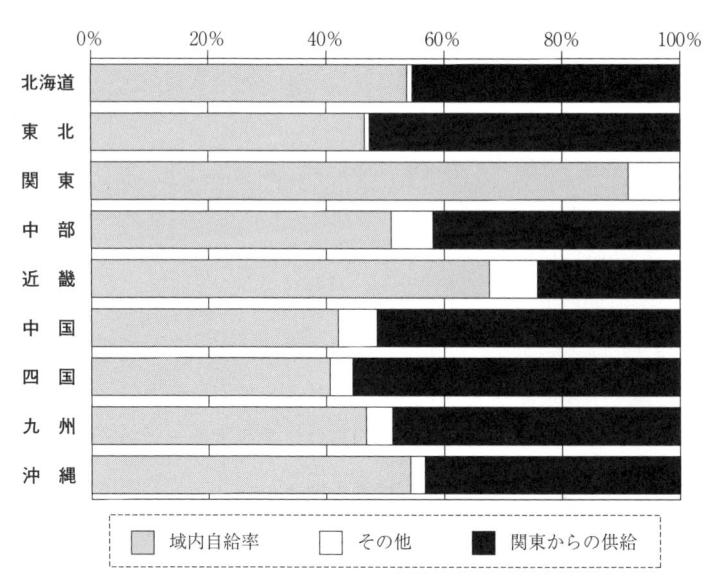

図7-2　情報サービスの域内自給率と関東からの供給（1995年）

注：域内自給率＝（域内生産額－輸移出額）÷域内需要額。
　　関東からの供給＝関東からの供給額÷域内需要額。
資料：地域産業連関表（1995年版）

なかでも東北,中国,四国,九州の4地域では関東からの供給が域内からの供給をも上回り,東北,中国,四国では関東からの供給が50％を超えている。

このように関東のみが情報サービスの全国的な供給地として存立している。関東の中でも東京・神奈川での集積が顕著なことはこれまでみてきたとおりであり,情報サービスの地域的循環はまさに東京一極集中型の求心的構造を示しているのである。

2. 東北地域における情報サービスの流出

各地域において関東への依存が高いということは,裏を返せば,各地域の情報サービス需要が域内の情報サービス業を「飛び越えて」発注されていることによる。東北でいえば,その最大の集積地である仙台市の情報サービス業を「飛び越えた」発注が少なくないわけである。その例を少し詳しく検討する。

1991年現在,仙台市には東北の情報サービス業の半数近くが集積していた(事業所数で40.5％,従業者数で48.0％)。『特サビ』によれば,1980年代を通じて東北における情報サービス需要のうちの40～50％が仙台市から供給されていた[4]。これに対して,別の調査(東北電力・東北開発研究センター,1992)によって,岩手県,秋田県の事業所(製造業,建設業,卸・小売業の事業所を対象としており,両県で404事業所が回答)におけるサービス業務の外注実績をみると,岩手県,秋田県から東京圏への外注はそれぞれ16.0％,18.0％であるのに対して,仙台市への外注はそれぞれ11.2％,8.7％にすぎない。しかも,これは情報サービスに限らず,すべての事業所サービス業務に関する外注実績データである。東北における対事業所サービスの域内自給率は,地域産業連関表によれば76.6％である。域内自給率の高い対事業所サービス全体でもこうした状況であるから,域内自給率が50％を下回る情報サービスに関しては,仙台市を「飛び越えて」いる需要がより大きくなっているであろうことは容易に推測される。ちなみに,岩手・秋田両県の事業所におけるシステム設計・ソフトウェア開発業務の外注先として,東京圏は20％前後[5]の割合を占めている[6]。

このように情報サービス需要の域内自給率が低く,供給のかなりの部分を域

外に依存するということは，東北や仙台市の情報サービス業が需要規模のそれほど大きくない東北においてすら，その需要を十分に満たすだけの機能を有していないとみなせる。

3．東北地域からの情報サービスの移出

次に，東北の情報サービス業における域外供給についてみる。当該産業の移出率は11.7%である（表7-2）。それ自体は低いとはいえないものの，各地域の移出率をみると，関東と沖縄が35%前後で，それ以外は10%台前半にとどまり，東北は中部，九州に次いで低い。輸・移出されている情報サービスがすべて域内の需要に当てられた場合，どの程度まで需要が満たされるのか（域内充足率）をみても，東北と九州は約53%で，50%を切る四国，中国に次いで低い。東北の情報サービス業からの移出はみられるものの，もともと域内需要を満たすほどの生産額がない状況下における移出に過ぎないことが理解できよう。

しかも，この移出には「同業者」からの発注による，下請的性格の強い業務も多く含まれていることは，前章までの分析から容易に推測できる。

このように，東北の情報サービス業は主として域内需要に対応しているとは

表7-2　情報サービスの移出率と域内充足率（1995年）

	域内需要額（億円）(a)	域内生産額（億円）(b)	輸・移出額（億円）(c)	移出率(%)(c／b)	域内充足率(%)(b／a)
北海道	2,597	1,614	214	13.2%	62.1%
東　北	4,801	2,532	296	11.7%	52.7%
関　東	36,387	50,523	17,370	34.4%	138.8%
中　部	7,797	4,456	491	11.0%	57.2%
近　畿	12,585	9,801	1,288	13.1%	77.9%
中　国	4,061	1,999	292	14.6%	49.2%
四　国	2,103	1,006	150	14.9%	47.8%
九　州	6,344	3,336	374	11.2%	52.6%
沖　縄	447	377	135	35.8%	84.3%

資料：地域産業連関表

いえ，域内に十分な供給をするまでの規模には至っていない。その裏返しとして，供給は域外，特に関東から供給されており，関東への強い依存性を示している。東北の情報サービス業が地域経済の中で果たしている役割は限定的であり，地域経済に「根ざした」発展を遂げているとは言い難い。

第3節　情報サービス需要の東京一極集中の要因

1．情報サービス需要の集中形態

　情報サービス需要の域外「流出」（＝情報サービス供給の域外への依存），そして，その東京一極集中という現象は，単なる「量的」な関係として存在するだけではなく，多様な要因によって構造化されたものである。それゆえ，各地域の情報サービス業の拡大によって，集中が解消されるといった性格のものではないと考えられる。
　こうした情報サービス需要の東京一極集中には二つの経路がある。第一に，市場を介した情報サービス需要の東京一極集中であり，第二に，組織を介した情報サービス需要の東京一極集中である。
　ここでは，まず前者を検討する。これは市場メカニズムの下で，情報サービスに対する需要が域外の供給に依存することで，地域的な集中をみせる形態である。具体的には需要者（ユーザー）からの情報サービスの発注によって成立する契約関係や，情報サービスの「生産」に際して情報サービス企業間で取り結ばれる外注関係など，市場での取引を通じて需要が地域的に集中することを指している。この集中の背後にあるのが企業間の種々の格差であり，その地域的な投影である。その要因として次の3点を指摘できる。第一に地域間の技術的格差，第二に地域間の企業規模格差である。この2つは情報サービス業内における企業間の格差であり，それが地域的格差として投影されている。第三の要因はアンバンドリングの発達の遅れであり，それにともなうソフトウェア需要のコンピュータ・メーカーへの集中である。これは地域的にはコンピュー

タ・メーカー本社の集積する東京圏への需要の集中として現出する。

2．市場を介した需要の東京一極集中

(1) 企業間格差にもとづく需要の集中

a．技術的格差による集中

　東北の情報サービス業と東京圏の当該産業との間には明瞭な技術的格差が存在している。仙台市のソフトウェア産業をみると，その多くが「販財給」といわれる事務系のアプリケーションソフトウェアの開発を専門としており，技術的に高度な「特殊計算」に関係するソフトウェアを開発する企業・事業所はほとんど存在しなかった。そのため，それらの開発がもともと仙台市のソフトウェア産業へ発注されることは稀で，たとえ仙台市内の事業所へ発注された場合でも，そうした業務は「丸投げ」の形で域外の企業に外注され，域外で開発されるのが一般的であった。いずれにしても「特殊計算」にあたるソフトウェアの開発などの域内需要は域外依存（域外流出）することになっていた。

　域外流出の例を東北電力㈱のケースでみてみる。東北電力からの直接の受注，さらにはその子会社を経由した間接受注を含め，実態調査を行った51事業所のうち[7]，8事業所が東北電力関連の業務を行い，そのうち4事業所は東北電力関連の業務が受注の80％以上にのぼっていた。同社からの発注額の大きさがうかがわれる[8]。ただし，その東北電力も特殊計算にあたる業務（プラント制御，構造解析，原子力関連業務など）については，仙台市内の子会社などには発注せず，東京都（ないしは東京圏）の企業に発注していた[9]。その額・数量までは不明であるが，域外に流出する額も決して小さくないとみられる。

　こうしたユーザーからの発注時に生じる需要の域外流出以外にも，開発時における外注関係からも需要の流出が生じる。質的な補完を目的とした外注が仙台市内に発注されることは，その技術的低位性からきわめて稀であり，こうした外注は関東や近畿といったソフトウェア産業の集積地域，なかでも技術力があり，多様な企業・事業所が集積する東京圏へと需要（「丸投げ」）が集中する。ユーザーがたとえ例外的に域内事業所へ発注したとしても，その後の開発段階

において，需要が東京圏に集中していくことも少なくない。

　b．企業規模格差による集中

　企業規模の格差からも，大規模な需要の東京一極集中が生じている。

　情報サービス業は労働集約的産業である反面，外注部分の品質管理の徹底が困難であったために，製造業にみられるような広範な地域間分業が進展していない。そのため大規模なソフトウェアの開発[10]は，従業員数ベースである程度の規模を有する企業（事業所）でなければ担うことができなかった。あるいは相対的に小規模な企業が多い地場企業では大規模ソフトウェアの開発は困難であるとユーザー（発注者）に判断されて発注されないことが多い。それが大規模ソフトウェア開発に関する発注の多くが大手企業に集中することにつながっている[11]。

　情報サービス業における1事業所あたりの従業者数を地域間で比較してみると（表7-3），1996年における東北のそれは，東京都はもちろん全国平均に比べても相対的に小さい。東北の中では比較的規模の大きい事業所が多く存在する宮城県および仙台市の従業員数の平均規模も，東京都および東京23区のそれに比べて15人程少ない[12]。東京都を除いた全国平均と比べても，宮城県，仙台市の平均規模はやはり小さくなっている。2000年代になってもこの地域間の規模格差に変化はない。

　年間売上高規模でみても，仙台市と東京23区とでは，売上高10億円以上の事業所の割合に大きな差がある（表7-4）。東京23区では年間売上高10億円以上の事業所が4分の1を占めるのに対して，仙台市では20％にも満たない[13]。東北，またその中心たる仙台市のソフトウェア産業は従業員，売上高などの面で相対的に小規模であり，それが域内需要流出のもう1つの要因となっている。

　また，こうした格差は宣伝力や営業力の格差にも反映し，域外流出をさらに促進させる要因となっている。東北開発研究センター（1987）の調査によれば，東北の事業所[14]のうち，情報サービスを含む事業所サービスを域外に外注する事業所が，その理由としてあげた中でもっとも多いのが「県内に業者がない

表7-3 情報サービス業の平均規模

(単位：人)

	1996年	2001年	2006年
東北地域	19.5	20.9	20.3
宮城県	23.0	25.0	24.1
仙台市	24.3	25.0	25.3
東京都	35.2	36.6	43.7
東京23区	34.7	36.6	44.4
全　国	30.2 (27.5)	29.8 (25.8)	32.6 (26.3)

注：2001年はソフトウェア業と情報処理・提供サービス業の合計。
仙台市，東京都の数値は民営事業所のみの数値。
最下段は東京都を除いた場合の全国の数値。
資料：事業所・企業統計調査

表7-4 情報サービス業の年間売上高別事業所数（1996年）

(( )内：%)

年間売上高（億円）	仙台市	東京23区	全　国
＜0.1	0 (0.0)	36 (1.9)	167 (2.7)
0.1～0.3	2 (2.0)	83 (4.4)	437 (6.9)
0.3～1	15 (15.3)	296 (15.6)	1,200 (19.1)
1～10	64 (65.3)	1,005 (52.9)	3,324 (52.8)
10～100	15 (15.3)	420 (22.1)	1,067 (16.9)
100≦	2 (2.0)	60 (3.2)	102 (1.6)

資料：特定サービス産業実態調査報告書

(知らない)」であり，他の理由を大きく引き離している[15]。こうした回答は，東北の情報サービス業における技術的低位性や小規模性が需要の域外への流出につながっていることの裏付けであるとともに，たとえ域内に質的・量的側面で需要に応えられる企業・事業所が存在していたとしても，宣伝力・営業力の格差から，需要が「漏出」することを示唆している。

c．SI 企業認定・登録制度

需要の集中を惹起する企業間の技術的・規模的格差は是正されるというよりはむしろ強化される方向にある。それを促進しているのがシステムインテグレーター（SI）企業の認定・登録制度である[16]。

通商産業省（当時）では，1988年度より，情報サービス業の技術力や経営規模などを審査し，大規模システムの開発・運用を包括的に行いうる企業を SI 企業として認定または登録している。この SI 企業には SI 認定企業と SI 登録企業とがあり，基本的には認定と登録の両制度は独立している。SI 認定企業は，SI としての技術力・経営規模などを有すると認められた企業であり，「統合システム保守準備金制度」（通称，システムインテグレーション税制）によって，税制上の優遇が受けられる。ただし，その企業名は公表されない。他方，SI 認定企業へのステップとなるものとされ（情報サービス産業協会編，1989），認定企業よりも低位に位置付けられる SI 登録企業は，申請が認められても認定企業とは違って税制上の優遇はないが，企業名が公表される[17]。SI 登録企業として企業名が公表されることは，その技術力などが公的に評価されたことになるため，認定企業も登録企業としての申請を同時に行っていると考えられる。つまり事実上は，登録企業の中から認定企業が選ばれる形になっているとみなしてよい。

さて，こうした SI 登録企業の立地をみると，東京都は，仙台市とはもちろんのこと，その他の地域との間にも歴然とした格差をもって格別の地位にあった（表7-5）。1991年時点で，都心3区を中心に東京都区部の SI 登録企業は223社あるのに対して，仙台市のそれは2社に過ぎない。東北全体でも，仙台市のほかには青森，岩手，山形の各県に1社ずつがあるだけであり，登録企業は合計で5社のみであった。その他の道府県をみても，大阪府が42社で東京都に次ぐ地位にあるが，東京都との落差はあまりにも明瞭である。地方中枢都市では福岡市が他に比べて多いものの，いずれの都市でも10社を下回っている。

このように SI 登録制度は，単にその時点の地域間における技術力，企業規模格差を表しているだけではなく，その格差の固定化・拡大を助長してさえい

表7-5 SI登録企業の本社所在地（1990, 91年登録）

所在地	会社数
東京都	226
港区	57
中央区	35
千代田区	36
新宿区	28
渋谷区	22
品川区	14
その他の区	31
区部以外	3
神奈川県	18(11)
大阪府	42(38)
愛知県	16(14)
北海道	4(3)
宮城県	2(2)
広島県	4(2)
福岡県	11(8)
その他の府県	54
全国	603

注：（ ）内は県庁所在都市の内数。
資料：'92情報サービス企業台帳(SI企業編)

る。というのも，この制度は通産省が「優良企業」を公的に認め，その公表と税制優遇によって，すぐれた企業（需要）を引き上げるという意味で「優良企業」にとっての「差別化政策」の一環に位置付けられるものであり（坪倉，1990），SI企業とその他の企業との間における，信用やブランドイメージなどの格差を広げていくことになるからである。こうした格差の拡大は，地域的に投影され，東京都とその他の地域との格差を固定化あるいは強化することにつながっている。

　以上のように，情報サービス業における地域間の技術的・企業規模的格差，さらにはその格差を助長する制度が，需要の域外流出を引き起こし，それを構

造化させている。ここで注意すべきは、こうした企業間格差を理由に流出する需要、つまり特殊計算を行うソフトウェアや大規模なソフトウェアへの需要は、総じて価額が高く、かつ付加価値も高いということである。つまり相対的に価額・付加価値の低い需要が域内で循環する一方、価額・付加価値の高い需要は域外へと流出し、その多くが東京へと集中することになっているのである。

(2) アンバンドリングの未発達とメーカーへの需要の集中

情報サービス業内部から外部に目を転じてみると、コンピュータ・メーカー（以下、ここではメーカーとする）への情報サービス需要の集中が生じている。この集中の背景にあるのが、日本におけるアンバンドリングの発達の遅れであり、ソフトウェアの「価値」に対する認識の低さである。

もともとソフトウェアに対しては、あくまでハードウェア（機器）の一部、あるいはその付属物という認識が支配的であった。そうした認識を変える契機となったのが、1969年のIBM社によるアンバンドリング（unbundling）政策である[18]。アンバンドリングとはコンピュータのハードウェアの価格とソフトウェアの対価を区分することをさしており、価格分離政策ともいわれる。これが情報サービス業の実質的出発点となった（辻，1990, p.106）。米国では、これを契機としてソフトウェアの「価値」に対する認識が高まり、情報サービス業の量的・質的な発展が促された。これに対して、日本ではそもそも目に見える「モノ」以外の知的生産物に対する認識が低いという土壌があることに加え、ソフトウェアがハードウェアの付随物として値引きの対象となる商慣行が形成されていた。こうした認識や商慣行が根強く存続し、ソフトウェアは結果的に無償あるいは異常な低価格で販売されてきた（通商産業省機械情報産業局編，1993, pp.14-15）。メーカーもそうした状況から、大型汎用機を中心とした上位機種については、ハードウェアとソフトウェアをセットで販売する戦略をとっていた[19]。あるメーカーでは、汎用大型機の販売はメーカーのみが行い、代理店による販売は行っていなかった[20]。こうした戦略によって、一般に大規模で高価なソフトウェアを必要とする汎用機関連のソフトウェア開発業務はメ

ーカーに集中している。

　メーカーは外部から需要を獲得する以外にも，自らが開発主体となる基本ソフトウェア（OSや組込ソフトウェア）需要を抱えている。基本ソフトウェアの開発が全面的に外注されることはないので，その価額までは明確ではないが，情報サービス需要として市場にでている部分だけでも相当額の規模に達している。こうした高額な需要をメーカーは内部からの「発注」として抱えている。

　また，メーカーは大企業であることを背景に技術的信頼性，人材の豊富さといった優位性を持っている（山本，1988）。このことが，メーカーへの需要の集中に拍車をかけている。メーカーはこのように需要の多くを掌握している。

　自治体を事例に，こうしたメーカーへの需要の集中の一端をみてみる。東北において，自治体から発注される情報サービス需要は，相対的に規模が大きい事業で，複数年度にわたるものも多い。こうした需要の発注先として，メーカーは優位にあった。情報サービス産業協会のアンケートによれば，自治体のコンピュータ・システムの開発・運用段階において，情報サービス企業に比べて圧倒的に数の少ないメーカーが，情報サービス業と同レベルの業務委託を受けている[21]。「自治体としての性格上，固定した業者に偏らないように発注する」（聞き取りによる）としていても，結果的にはメーカーが優位になっている。実際に調査時点における宮城県の主たる外注委託企業数社の中には，メーカーが含まれていた[22]。このように需要額の大きい地方自治体の業務にはメーカーが深く関わっている。

　以上のようなメーカーへの需要の集中が，地域的には東京圏への需要の集中となっている。メーカーあるいはメーカー企業グループの中枢が東京都・東京圏に集積しているからである。

3．ユーザー企業内の分業に基づく需要の東京一極集中

　本項では，需要の東京一極集中のもう1つの経路である，組織を介した情報サービス需要の東京集中について検討する。これは，市場での取引によらない，

複数事業所企業内の事業所間の移出入,事業所間での分業を通じた需要の集中をさしている。具体的には,支社・支店・工場など（以下,支所等と略）が必要とする情報サービスは必ずしもそこから直接発注される訳ではなく,多くは支所等を統括する本社で処理・発注される。この場合,支所等で発生した情報サービスの潜在的需要が,発注という具体的な需要として市場に現れるのは本社所在地においてである。本社が域外にあれば,需要は市場を介することなく域外へと流出することになる。

東北の支所等と本社との業務分担をみると,情報関連業務は本社の業務,または本社・支所等で行う業務であるとする割合が高い（図7-3）。システム設計・ソフトウェア開発では,すべてが本社の業務とする事業所が半数以上を占めている。より低次な業務であるデータ入力・処理については,支所等の業務とする比率が高いが,実際には支所等の内部で処理される場合が多く[23],支所等から独自に発注される業務は少ない。

仙台市に立地する支店の事業所サービス業の利用状況を調査した,池澤（1994）においても,情報サービス関連業者の利用率は,受託計算サービス業で4.3％,ソフトウェア作成サービス業で4.3％,コンピュータ運転代行サービス業では2.8％となっている。このように情報サービス関連業務は,本社がその処理を担当する割合が高いことに加え,支所等が担う業務も内部処理が可能なものが多くなっており,実際に域内企業へ外注される業務の割合はきわめて

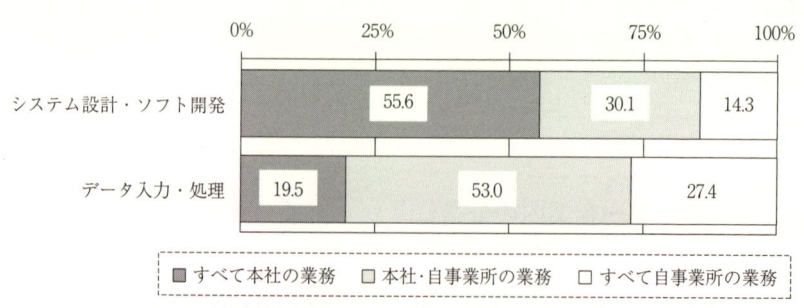

	0%	25%	50%	75%	100%
システム設計・ソフト開発		55.5		30.1	14.3
データ入力・処理	19.5		53.0		27.4

■ すべて本社の業務 　□ 本社・自事業所の業務 　□ すべて自事業所の業務

図7-3　東北地域の支社・工場等における本社との業務分担
資料：東北電力・東北開発研究センター（1992）

低いものである[24]。

　本社処理となった潜在的需要は，当然のこととして本社の立地する地域へと流出する。東北の支所等の本社所在地をみると（表7-6），東京都に本社が立地する企業（以下，東京企業とする）が支所等の4分の1を占めており，県外に本社をもつ企業の半数以上に達している。東京企業の支所等の数は，宮城県に本社が立地する企業の支所等よりも多くなっている。市場を介さず，組織を介して流出する潜在的需要の多くが域内にとどまることなく，東京都へと集中することは明らかである。

4．情報サービス企業における本社への所得移転

　以上のようなユーザー企業における本社と支所等の業務分担によって，潜在的需要の流出，東京都への集中がみられる一方で，情報サービス企業における本社と支所等との関係からは，情報サービス所得の移転，東京都への集中がみられる。

　東北内のユーザーが域内の情報サービス企業に外注を行った場合でも，その事業所が情報サービス企業の支所であれば，支所で得た所得は全額内部保留されるわけではなく，その一部は本社へと移転される。少なくとも「本社活動」に対する費用はそうした所得から補填される（矢田，1988b）。つまり情報サービスそのものに関しては，域内の事業所間で需給関係が成立していたとしても，その所得の一部は本社へと移転することになる。

　東北地域における情報サービス業事業所の65％が支所等であり，その半数近くが東京都に本社がある（以下，東京企業と略）である（表7-6）。仙台市では東京企業の占める割合はさらに高く，支所等のうち57.1％を占めている。このように東京企業が占める割合はきわめて高く，東北の支所等から本社へという所得の移転は，とりもなおさず東京都への所得移転であるといえる。かくして，全国的な情報サービス需給の循環には直接組み込まれず，仙台市を中心に東北内に「とどまった」情報サービス需要の多くも，結局はこうした所得移転

表7-6 支所等の本社所在地（1996年）

	東北地域				仙台市			
	全産業		情報サービス・調査業		全産業		情報サービス・調査業	
事業所総数	191,274	100.0%	1,227	100.0%	27,991	100.0%	395	100.0%
支所等	80,546	42.1%	798	65.0%	14,665	52.4%	259	65.6%
うち同県内	41,490	51.5%*	259	32.5%*	5,082	34.7%*	23	8.9%*
うち東京都	19,792	24.6%*	336	42.1%*	5,558	37.9%*	148	57.1%*
うち宮城県	14,455	17.9%*	48	6.0%*	—	—	—	—

注：*は支所等に対する割合。
資料：事業所・企業統計調査

の全国的循環の下に組み込まれてしまっているのである。

そこで東京都産業連関表から，どれだけの所得が東京都に移転・集中しているのかについて検討する。東京都産業連関表では企業の活動が本社活動と直接的な財・サービスの生産活動（直接生産活動）とに区分され，地域的には東京都とその他の地域とに区分されている（図7-4）。東京都の情報サービス業の本社活動は1兆2,876億円の本社サービスを提供している。このうち5,989億円（約47％）が，その他の地域における直接生産活動からの所得移転である。これは，その他の地域内における直接生産活動から本社活動への所得移転（3,789億円）よりも多く，その他の地域における直接生産活動の産出額（3兆6,216億円）の16.5％に当たる。いずれの地域からも，直接生産活動の産出額のうち4分の1超が本社活動へと移転しており，本社活動への移転額の約61％が東京都の本社活動への移転となっている。

このように直接生産部門において得られた所得が本社部門へと移転され，それが地域的には東京都へと集中している。情報サービス企業の本社が東京都に置かれていることによって集中する所得も，市場を介して集中する需要とともに，無視できないほど大きなものなのである。

第4節 小括

情報サービス業をめぐる地域的循環の検討により明らかになった点を要約す

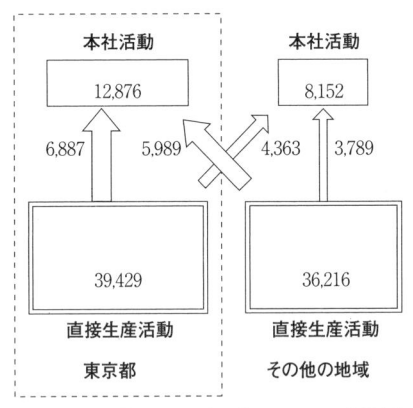

図7-4　情報サービス業における本社活動への費用移転（1995年）
注：数値は情報サービス・調査業のもの（単位：億円）。
資料：東京都産業連関表

ると，以下のとおりである。

　産業連関表の分析から，情報サービスの地域的循環，その特徴である東京一極集中が明瞭となった。関東は，単に情報サービス業の事業所数・従業者数において高い集中・集積を示すだけではなく，それを背景に情報サービスにおける全国的規模で唯一の供給地として，その中心性を発揮している。

　その裏返しとして，事例とした東北における情報サービスの域内自給率は低く，東北の情報サービス業は域内需要に十分に対応できていない。その結果として，域内需要は関東からの供給に強く依存している。また，東北からの情報サービス移出もみられるものの，それが域内需要に向けられたとしても，その需要を満たすまでの規模はない。かように東北の情報サービス業が地域経済において果たす役割は限定的なものである。つまり，東北における情報サービスをめぐる循環は，全国レベルの循環との関連が強い一方で，地域経済との関連は希薄であり，東北の経済循環に「内実化」されているとは言い難いものなのである。

　情報サービス需要の東京一極集中の背景には多様な要因が存在している。需

要の集中は「市場を介した集中」と「組織を介した集中」との2つの経路に区分できる。前者では情報サービス業内の技術的・企業規模的格差とその地域的投影，アンバンドリングの発達の遅れに起因するメーカーへの需要の集中が地域的集中の要因となっている。一方，後者の集中要因は複数事業所企業における事業所間の分業関係を通じた本社への需要の集中である。現在の企業内地域間分業体系の下での本社への需要の集中は，とりもなおさず東京への集中である。こうした関係は需要の集中とともに，情報サービス企業内での少なからざる所得の東京集中をも惹起している。これら情報サービスの地域的集中を引き起こす多様な要因は，相互に関連するとともに重層性をもって，情報サービスの東京一極集中を構造化している。

　このように現在の情報サービスをめぐる地域的循環は，東京を軸とした全国的な循環を中心に，そのシステムが形成され，構造化されているのである。

　こうした技術的・企業規模的格差あるいはメーカーの優位性を原因とした需要の東京集中は，情報サービス業における需要の中心的な位置を汎用大型機関連の大規模ソフトウェアや受注ソフトウェアが占める時代において，とりわけ顕著であった。「ネオダマ」によって，こうした汎用大型機中心の業界構造そのものは変わっていった。しかしながら，相対的に技術水準が低位であった仙台市のソフトウェア産業は全体として，それへの対応が遅れる形になった。またパッケージソフトウェア（既成ソフトウェア）も，その開発・販売にある程度のリスクを背負わねばならないため，小規模企業の進出は困難である。これらの開発や販売を行いうる技術力，経営規模をもつ企業の多くは，東京に集中しており，「ネオダマ」の中で，汎用機中心の業界構造は変化しても，情報サービスの地域的循環にみられる東京一極集中構造が変化していない。このことは，情報サービス業の配置が東京一極集中型から変わっていないことからも明らかである。むしろ本章でみられるような地域的循環の構造が確固たるものとして存在しているからこそ，地方圏の情報サービス業の「周辺」としての位置付けは覆しがたいものなのである。

注

1) ただし，地域産業連関表は，各通商産業局の管轄地域を「地域」として扱うため，その区分（地域設定）が形式的である。また，公表時期が他の統計に比べて極端に遅いという問題もある。とはいえ，その地域区分は管轄地域が「広域経済圏」と重なる場合も多く，本稿で事例とする東北地域に関しては，両区分は県単位では対応している。
2) 経済企画庁調査局編（1987, p.181）は，所得移転の計算を行った数少ない先例としてあげられる。
3) 本章は加藤（1996）をベースにしている。執筆時，産業連関表は1985年が最新データであった。ここでは，1995年データに入れ替えて分析を行った。ただし，結論にはほとんど変化はない。この点からも「周辺性」が構造化されていることは明瞭である。

　　なお1995年以降，部門別需給の地域的な流動（地域間産業連関）についてはデータが作成されておらず，1995年のものが最新データでもある。
4) 『特サビ』では宮城県からの供給額のみが掲載されているので，その数値を仙台市からの供給額とした。前述のとおり，仙台市の情報サービス業が宮城県のそれに占める割合は事業所数で93.2%，従業者数で97.6%であった（事業所統計調査：1991年）。
5) この点については，グラフ化されており，正確な数値については不明である（東北電力・東北開発研究センター，1992, p.120参照）。
6) なお，その他の業務では，貿易関連事務，研究・開発，企画・デザイン，従業員教育・研修，マーケティングなどで，外注先としての東京圏への依存が強くなっている（東北電力・東北開発研究センター，1992）。
7) 実態調査の詳細については第4章を参照されたい。
8) 東北電力は仙台市内のソフトウェア産業に，1年に約5,000人月の業務を外注している，といわれていた（聞き取りによる）。
9) 仙台市内のソフトウェア産業事業所からの間接的な聞き取りによる。そのため，正確な発注先地域は不明である。
10) 1990年代初頭においては，ソフトウェア開発では10万ライン（ステップ）以上が大規模（大型）の業務である，といわれていた（聞き取りによる）。
11) ソフトウェアの場合，規模の大きいものは構造的にも複雑となる傾向にあり，ソフトウェアの規模は技術的問題とも密接に関係していた。

　　なお現在ではハードウェアの性能向上（高速化と低価格化）によって外注部分に対する品質要求水準が引き下げられたことを主たる理由として，1990年代末から国際的分業（オフショア開発）を含む広範な分業化が進展しつつある。構造が複雑で

演算処理に必要以上の時間を費やすプログラムは，機器性能が低い段階では問題視されるものであるが，性能向上によって，それがほとんど問題にならないからである。あるいはプログラム処理が遅くなっても安価な周辺機器（メモリなど）を増設することで問題解決を図ることができるため，「職人仕事」的な高度に熟練した技術を要求される局面が少なくなっているからである。

とはいえ，日本語や，契約後や完成時における追加要求などといった「すりあわせ」を求める日本型商慣行の存在などが「障壁」となり，本書にみるような，日本国内における情報サービス業の地域間分業の関係も依然根強く残っている。

12) 回答事業所が大規模事業所に偏る傾向のある『特サビ』では，宮城県と東京都との平均規模格差はより大きく，50人程度の差がある。

13) 表7-4では，仙台市をはじめ各地域ともに中位層の大きさが看取されるが，これは資料が『特サビ』であることに起因している。『特サビ』の回答事業所は，相対的に規模の大きい事業所に偏る傾向があり，ここには現れていない下位層がより多く存在していると考えられる。仙台市に年間売上1千万円未満の事業所がないこともそうした資料の性格を象徴している。

14) 調査は製造業，非製造業それぞれ785，380事業所を対象に実施し，有効回答は317である。有効回答の60％が地元企業から，40％が進出企業からのものである（東北開発研究センター，1987，p.57）。

15) 162の回答のうち62を占める。次に多い回答である「本社・親会社などの指示」の26を大きく上回る（東北開発研究センター，1987，p.74）。

16) この制度については，情報サービス産業協会編（1989，pp.322-325）に詳述されている。

17) SI登録企業の公表を目的に，通商産業省機械情報産業局情報処理振興課編『情報サービス企業台帳― SI企業編―』通産資料調査会，が毎年公刊されている。登録企業の公表は，基本的にはユーザーの情報化投資にあたっての便宜をはかることを主たる目的としている。

18) アンバンドリング政策導入時の状況・背景については，通商産業省機械情報産業局編（1993）に詳しい。

19) 発注側（の意識）にあわせたハードウェアとソフトウェアのセット販売という戦略がとられていることと，そうした戦略によってアンバンドリングが発達していかないという両面があり，この両者が循環的に作用している。

20) メーカーの系列企業からの聞き取りによる。

21) 開発・運用段階に携わる要員のうち，情報サービス企業からの要員が27.3％（一括委託，部分委託を含む），コンピュータ・メーカーからの要員が22.8％（同）を占めていた（情報サービス産業協会編，1992，p.53）。

22) 宮城県企画部情報システム課および間接的な聞き取りによる。
23) データ入力・処理について,「半分以上を他社へ外注する」とした事業所は6.1%にすぎない。それに対して,「外注していない」は75.9%を,「一部を他社に外注している」が18.0%を占めている。
24) 東北開発研究センター (1987, pp.66-81) の調査においても,同様の傾向が示されている。

終章　事業所サービス業の展開とその影響

　日本におけるサービス経済化，具体的にはサービス業なかでも事業所サービス業の1970年代後半以降における急速な拡大には，同時期の日本経済における市場環境・競争条件の変化とこれに対応する企業（主に大企業）の戦略（競争戦略）が決定的に重要な役割を果たしてきた。ここでいう市場環境・競争条件の変化とは，日本においては「高度成長」期の終焉にともなう劇的な変化であり，それに対応する企業の戦略・行動こそが「ソフト化」「情報化」を惹起するとともに，関連部門・その他機能の「外部化」が事業所サービス業の拡大を引き起こし，ひいてはサービス経済化の進展をもたらした。

　この論理の橋渡し役になるのが競争戦略論であった。競争戦略論における3つの競争戦略（「コスト・リーダーシップ」「差別化」「集中化」）とそれに連動した企業行動が，ソフト化・情報化を惹起し，さらには「外部化」を媒介として，事業所サービス業なかでも情報サービス業の拡大につながった。

　コスト・リーダーシップ戦略にもとづく企業の行動においては，まず直接部門，引き続いて間接部門のコスト削減が問題になる。これは主として「情報化」によって対処される。それが一方で，情報部門の絶対的・相対的拡大を生み，その「外部化」を推し進めた。

　差別化戦略下では，R&D，設計，デザイン，広告，調査，マーケティング，アフターサービスなどの「ソフト化」を担う部門の比重が拡大する。これらは労働集約的部門であり，それが新たなコスト上昇の原因となった。ここでのコスト削減も「情報化」によって図られるものの，その効果は相対的に小さかった。そこで，これら部門の機能・質を維持しながらのコスト削減策として選択されたのも「外部化」であった。「外部化」によってコスト・リーダーシップ

と差別化の両戦略をトレードオフとはせず,同時に達成することが可能になった。これも事業所サービス業の拡大へとつながった。

その後の大企業の「経営多角化」も,事業所サービス業の拡大を後押しした。さらに1990年代後半以降における集中化戦略の推進（「選択と集中」）が「アウトソーシング」としての「外部化」を助長し,事業所サービス業をますます拡大へと向かわせた。かように事業所サービス業,なかでもオフィスサービス業の成長は市場環境・競争条件の変化とこれに対応する企業の戦略・行動が引き起こしたものであった。

以上のような事業所サービス業拡大の論理が日本におけるサービス業の地域的展開とその特徴を規定した。

すなわち,1970年代後半以降,確実に進行したサービス業の拡大は,都道府県別でみた場合,東京圏と地方圏（とりわけ国土周縁部）とにおいて先行した。それぞれのサービス業の拡大は,大都市圏では事業所サービス業への特化,地方圏では公共サービス業への特化に特徴付けられる,全く対照的なサービス経済化の同時進行であった。こうした地域的かつ内容的に二極化したサービス経済化が進展した背景に,これを牽引してきた事業所サービス業の地理的・空間的偏在性,つまり都市への極端な集積があった。この独特の立地パターンは各地域スケール（全国,広域経済圏,県域）における中心都市（東京圏,地方中枢都市,県域中心都市）への集中としても現出している。こうした地理的・空間的な特徴は事業所サービス業発展の内的論理に由来しており,企業とりわけ大企業本社との立地照応性とともに,企業活動の地域別機能特化にもとづいた立地,つまり現在における日本の企業内地域間分業体系に呼応した事業所サービス業の地域的特化として明瞭に認められる。すなわち本社機能・経済的中枢管理機能に関連の深い業種の東京圏への集中と,「工場」・直接部門との連関が強い業種の地方圏での特化である。

事業所サービス業でも,1970年代後半以降の「外部化」によって拡大を遂げた業種ほど,東京圏や大都市圏,地方中枢都市,県域中心都市に集中しており,事業所サービス業の集中度と偏在性はますます強まっていった。その結果,特

化する業種の成長力格差が上位都市と下位都市における量的格差に再び反映する形で、さらなる格差拡大につながった。すなわち各地域スケールの中心都市では、事業所サービス業の集積が従業者数（人口）の拡大につながり、それが個人サービス業、公共サービス業を引きつけ、それがさらなる事業所サービス業の集積や人口を拡大するという循環的因果関係が成立している。これに対して、地方圏あるいは下位都市群では、事業所サービス業の立地が極端に少なかった上、既存立地業種の伸びは低かった。地方圏・下位都市群でのサービス業、なかでも事業所サービス業の停滞や衰退は人口減少とも相互に関連しながら、地方圏・下位都市群と東京圏・上位都市との格差を拡大させている。このように事業所サービス業の立地・配置とその動態は、企業内地域間分業体系に呼応した地域経済編成を一層強化する方向に作用した。

　こうした事業所サービス業の配置から「取り残された」地方圏の地方中小都市（下位都市）においてもサービス経済化は進んでいる。しかしながら、それは公共サービス業に大きく依存するという独特の展開によってもたらされている。公共サービス業の比重が大きいだけでなく、これに関係した公営事業所比率の高さ、移出型サービス業の不在といった特徴が顕著である。また事業所サービス業も公共事業・公共投資に支えられてきた農業・建設業と直接的に結び付いて存立し、地域的な財政トランスファーに間接的に支えられて何とか成立していた。このように地方圏の地方中小都市におけるサービス経済化は、国民経済や大都市におけるそれとは全く異なる特徴を有するもので、全国的な財政資金の地域循環に強く影響された結果であった。

　地方中小都市では介護ビジネスの拡大によって、さらなる公共サービス業の拡大がみられる。介護ビジネスはあらたなサービス業として、その地域経済への波及効果も喧伝されてきた。しかしながら、それは手放しで評価できるものとは言い難い「問題」を抱えている。直接的な雇用拡大を除けば、経済的効果も少なく、強固に存在する所得の全国的循環に強く組み込まれた中での「成長」が、地域経済活性化の「起爆剤」に直接なるようなものとは考えにくい。所得の地域的集中・集積をもたらす循環的因果関係の「環」は言うまでもなく

強固なものだからである。

　同じ地方圏でも，地方中枢都市や県域中心都市といったより上位の都市では，事業所サービス業の立地・配置がみられた。1980年代にもっとも成長した業種の1つである情報サービス業の地域的展開（大都市からの分散や独自の地域的発展）もこれを推進した。地方中枢都市をはじめとする上位都市では，地方圏にあって，いわば「恵まれた」サービス経済化が進行した。この点は政策的にも「期待」され，地方の側でも大いに歓迎された。しかしながら事業所サービス業立地の恩恵が各スケールの上位都市・中心都市にもたらされるわけではない。仙台市の実態をみる限り，その量的拡大という事実は単純に積極的な評価を与えられるものとは言い難いものであった。

　仙台市では，情報サービス産業全体の成長にともなって，1980年代に入りソフトウェア産業が急増した。この拡大は支所，東京の子会社・関連会社の進出・地方分散によるところが大であった一方で，地方展開された事業所設立のねらいは主にリスク分散とコストダウンであった。つまり，1980年代の拡大期を通じて，仙台市のソフトウェア産業は，資本関係・取引構造の両面で，従属的な地位が強化され，その「周辺性」がますます強化されてきた。

　「周辺性」の問題は，バブル崩壊にともなって，一挙に顕在化する。1990年代前半に情報サービス業は急激な縮小に転じる中で，地方中枢都市の情報サービス業は大きな減少を示す。東京からの受注によって存立していた「東京本社支店」の撤退や，それらの下請業務を担っていた地元企業（「自県本社」，「単独事業所」）の縮小・閉鎖が相次いだ。まさに「調整弁」としての役割を果たしたのであった。

　1990年代後半から情報サービス業は急激な「回復」をみせる。そこにおいて，特に大きな拡大を示したのは東京圏の当該産業であった。「中心」での回復は「周辺」での「調整」があったからこそであるといえよう。また，この回復過程において，これまでほぼ一様とみられた地方中枢都市の情報サービス業の動向にも格差がみられるようになる。すなわち仙台・広島の「不振」と，札幌・福岡の「好調」さである。「ネオダマ」と呼ばれる情報サービス業を取り巻く

環境変化に，結果として対応できたか否かが格差を生じさせた。また「ネオダマ」とも通じる ICT 革命という環境変化が当該都市の「中心性」を相対的に低下させ，それが地方中枢都市における情報サービス業の「周辺性」の再編・強化につながっていく。

　この点には情報サービス業大手企業（地方中枢都市からみると，域外資本）グループの立地・配置の再編も深く関係している。情報サービス業の立地・配置やその展開は，個々の情報サービス業企業の論理のみによって決まるものではなく，むしろそれを一部として内包する企業グループの戦略・対応に大きく左右されている。事例にした日本Ａ社の場合には，グローバルな競争環境に対応するグループ本体や全体の戦略によって，その行動や組織が強く規定されていた。地方圏においては相対的に事業所サービス業の配置に「恵まれた」地方中枢都市といえども，その情報サービス業の立地・配置は，地域に「根ざした」論理から生じたものではなかったこともあって，企業とりわけ大企業の戦略や行動に強く規定されることになった。こうした傾向は，事業所サービス業拡大の内的論理，すなわち事業所サービス業の拡大に「外部化」が果たしてきた役割からみれば，ある種当然の結果であった。このように，事業所サービス業は立地地域の地域経済に組み込まれて「内実化」しているというよりも，競争環境・条件変化やそれに対応する企業の戦略・対応に規定されている側面が強い。

　とはいえ，こうした評価は地域経済循環への「内実化」の実態を定量的に解明した上でなされるべきである。そこで，地方中枢都市の情報サービス業をめぐる地域的循環に焦点を当てて，その構造を明らかにし，地方中枢都市の情報サービス業を地域的循環の中で位置付けるとともに，機能の側面から評価を試みた。

　情報サービス業をめぐる地域的循環では，その東京一極集中の循環構造が明瞭であった。関東が全国的規模で唯一の供給地として，中心性を発揮している。その裏返しとして，事例とした東北の情報サービス業は域内自給率が低く，域内需要に十分に対応できていない。その結果，域内需要は関東，東京都からの

供給に強く依存しており，その点で全国的な情報サービスの循環に組み込まれている。東北からの情報サービス移出もみられるものの，それが域内需要に向けられたとしても，その需要を満たすまでの規模はない。かように東北の情報サービス業が地域経済において果たす役割は限定的なものである。つまり，東北における情報サービスをめぐる循環は，全国レベルの循環との関連が強い一方で，地域経済との関連は希薄であり，東北の経済循環に「内実化」されているとは言い難いものである。

こうした背景には，情報サービス需要の東京一極集中がある。需要の集中は市場を介した集中と組織を介した集中との２つの経路に区分できる。前者では情報サービス業内の技術的格差・企業規模間格差とその地域的投影，アンバンドリングの発達の遅れに起因するメーカーへの需要の集中が地域的集中の要因となっている。一方，後者の集中要因は複数事業所企業における事業所間の分業関係を通じた本社への需要の集中である。現在の企業内地域間分業体系の下における本社への需要の集中は，とりもなおさず東京への集中である。こうした関係は需要の集中とともに，情報サービス企業内での少なからざる所得の東京集中をも惹起している。これら情報サービスの地域的集中を引き起こす多様な要因は，相互に関連するとともに重層性をもって，情報サービスの東京一極集中を構造化しているといえる。

このように現在の情報サービスをめぐる地域的循環は，東京を軸とした全国的な循環を中心にそのシステムが形成され，構造化されている。それが強固に存在しているからこそ，地方圏における情報サービス業の「周辺」としての位置付けも堅固なものとなってしまっている。

以上のような情報サービス業，ひいては事業所サービス業の拡大の論理が，その集積を含む地理的・地域的展開を規定し，各地域スケールの中心都市なかでも東京の「中心」としての地位（「中心性」）を高めている。それがさらなる当該産業の集積と他のサービス業の集積を誘引し，諸機能・人口の集積へと結びついている。こうした集積が需要や所得というフローの集中をも引き起こす。これが都市システムにおける上位都市と下位都市との格差を広げる方向へと働

き，都市階層分解を引き起こす。都市階層分解の結果にもとづく個別企業の「選別」が，東京の「中心性」をさらに高めることを後押しし，それによるフローの集中も東京を軸心とした循環構造を強めている。こうした諸機能・人口・所得の集中・集積が，さらなる集中・集積を生む累積的・循環的な因果関係となって作用し，東京への「一極集中」を強化している。

　日本のサービス経済化においては，1970年代後半以降における市場環境・競争条件の変化とこれに対応する企業（主に大企業）の戦略・行動が決定的に重要な役割を果たしてきたからこそ，事業所サービス業の拡大が先行し，その地理的・地域的展開が，サービス経済化にともなう「一極集中」，なかでも東京への「一極集中」を，問題視されるレベルにまで引き上げる，1つの強力な要因となって作用しているのである。

　最後に，残された課題をいくつか指摘しておく。

　本研究ではマクロ的動向に焦点を当て，それが地理的・地域的展開や地域的な影響を規定することに言及してきたが，そうした側面を強調し過ぎたきらいがある。こうした動きに対する地域での主体的な取り組みや「運動」は今回，取り上げられなかった。だからといって，筆者はその有効性を完全に否定しているわけではない。

　あえてマクロ的な動向を強調したのは，事業所サービス業には政策的関心と「期待」が寄せられてきた過去があり，サービス経済化が今後も進んでいく中でサービス業への「期待」は今後も形を変えながら常に持ち上がってくることになるであろうが，そうした動きに「冷静」な評価を下す手法を見出すことも政策志向型科学の重要な役割ではないかと考えるからである。「冷静」な分析と優れた理論に基づいた政策的議論は歓迎されるものである。しかし，政策志向的な研究・分析と，安易なアイデア提示とを取り違えてはならない。その点，本研究は分析の第一歩を踏み出すにとどまっており，現在のところ，筆者なりに，地域におけるサービス業の育成などに関する取り組みの意義・有効性に言及するのには材料に乏しい。もちろん，これは自身の能力不足によるところが

大である。今後の課題としたい。

　また，サービス業の一般的性格，特に本研究でも分析がもっとも欠如している個人サービス業の一般的性格として定義されることが多い，無形性（intangible），非貯蔵性（ephemeral），生産と消費の同時性（人間同士の接触：personal contact）という特徴とその空間との関係性，さらにはその地理的・地域的影響に対する考察も，「サービス化」「サービス経済化」の地理的・地域的展開とその影響を明らかにしようとしている以上，今後ますます重要になるであろう。しかし，これについても，現在は今後の課題として提示できるだけである。個人サービス業，公共サービス業とその地理的・地域的特徴の把握に関する研究を蓄積していくことが具体的課題となろう。

　さらに，分析枠組みについては，市場環境・競争条件の変化とそれに対する企業の戦略・対応がこれまでのサービス経済化を進展させてきた原動力であることは間違いなく，それが先行したから事業所サービス業の拡大がまずみられたとはいえ，今後は個人サービス業，公共サービス業のさらなる拡大とそれにともなうサービス業の地域構造の再編や変化がもたらされる可能性もあり，そうした拡大の論理とその地理的・地域的展開をも説明する論理を，本研究の視点の延長・敷衍の中で示していかねばならない。これも今後の課題であり，本研究の先にある「サービス化」の下での地域構造を動態的に描いていく上での最大の課題である。

文　献

青木昌彦・伊丹敬之（1985）:『企業の経済学』岩波書店.
池澤裕和（1994）:仙台市に立地する企業支店従業者の接触行動パターン,『地理学評論』67A：461-482.
池沢裕和・日野正輝（1992）:福島県における企業の支店配置について,『地理学評論』65A：pp.529～547.
飯盛信男（1987）:『経済政策と第三次産業』同文舘.
飯盛信男（1990）:『サービス産業の展開』同文舘.
飯盛信男（1992）:サービス産業への異業種参入の実態,『佐賀大学経済論集』25-3：115-125.
飯盛信男（1995）:『平成不況とサービス産業』青木書店.
飯盛信男（1998）:『規制緩和とサービス産業』新日本出版社.
石丸哲史（1990）:わが国諸都市における事業所サービス業の立地動向,『経済地理学年報』36：289-303.
石丸哲史（2000）:『サービス経済化と都市』大明堂.
井原哲夫（1973）:『巨大都市と人口構造』毎日新聞社.
大守　隆・田坂　治・宇野　裕・一瀬智弘（1998）:『介護の経済学』東洋経済新報社.
長田　浩（1991）:「脱工業化」「サービス経済化」論の再検討,（所収　経済理論学会編『資本主義と社会主義』（経済理論学会年報第28集）青木書店：200-216）.
岡本義行（1996）:日本企業の情報化と経営革新,（所収　伊藤　誠・岡本義行編著『情報革命と市場経済システム』富士通経営研修所：133-170）.
ガーシュニィ, J.・マイルズ, I. 著, 阿部真也監訳（1987）『現代のサービス経済』ミネルヴァ書房. Gershuny, J. I. and Miles, I. D. (1983): *The new service economy: the transformation of employment in industrial societies*, London: Frances Pinter.
ガースナー, L. V. Jr. 著, 山岡洋一・高遠裕子訳（2002）:『巨象も踊る』日本経済新聞社. Gerstner, L. V. Jr. (2002): *Who Says Elephants Can't Dance?: Inside IBM's Historic Turnaround*, New York: Janklow & Nesbit Associates.
影山裕一（2001）:福岡におけるIT産業の集積,『産業立地』40-6：31-36.
加藤和暢（2000）: M. ポーター——国と地域の競争優位——,（所収　矢田俊文・松原宏編著『現代経済地理学——その潮流と地域構造論——』ミネルヴァ書房：240-259）.
加藤幸治（1996）:情報サービスの地域的循環とその東京一極集中——東北地域を事例

として——,『地理学評論』69A:102-125.
加藤幸治(2008):2000年の日本における職業別就業者の地域的展開:都道府県別データからの分析,『国士舘大学地理学報告』16:65-78.
北村洋基(2003):『情報資本主義論』大月書店.
クズネッツ,S.S. 著,塩野谷祐一訳(1968):『近代経済成長の分析』東洋経済新報社.
　Kuznets, S. (1966): *Modern economic growth: Rate, structure, and spread*, New Haven: Yale University Press.
クラーク,C. 著,大川一司・小原敬士・高橋長太郎・山田雄三訳(1954・1955):『経済進歩の諸条件』勁草書房. Clark, C. (1940): *The conditions of economic progress*, London: Macmillan.
経済企画庁調査局編(1987):『円高を乗り越え新たな発展をめざす地域経済(昭和62年地域経済レポート)』大蔵省印刷局.
「サッポロバレースピリット」編集委員会編(2002):『サッポロバレースピリット』さっぽろ産業振興財団.
椎名武雄(2001):『外資と生きる』日本経済新聞社.
情報サービス産業協会編(1989):『情報サービス産業白書1989』コンピュータ・エージ社.
情報サービス産業協会編(1992):『情報サービス産業白書1992』コンピュータ・エージ社.
末吉健治(1999):『企業内地域間分業と農村工業化』大明堂.
仙台商工会議所(1991):『1991年仙台商工名鑑』仙台商工会議所.
仙台市商工会議所編(1997):『1997~98年仙台商工名鑑』,仙台市商工会議所.
総務庁統計局統計基準部(1993):『日本標準産業分類 平成5年10月改訂』全国統計協会連合会.
総務庁統計局統計基準部(2002):『日本標準産業分類 平成14年3月改訂』全国統計協会連合会.
千葉立也・藤田直晴・矢田俊文・山本健児編著(1988):『所得・資金の地域構造』大明堂.
通商産業省(1991):『情報処理企業等台帳総覧(平成3年版)』通商産業省.
通商産業省機械情報産業局編(1993):『緊急提言ソフトウェア新時代』通商産業調査会.
通商産業省東北通商産業局機械情報産業課編(1997):『'97東北地域情報サービス企業総覧』仙台ソフトウェアセンター.
辻　淳二(1990):『情報サービス産業界』教育社.
坪倉　傑(1990):情報サービス産業の現状と動向,『産業立地』1990年9月号:20-27.
土井教之(2001):専門情報サービス業の産業組織——経営コンサルティング業の事例

を基にして——,（所収 鈴木多加史・西田 稔編著『サービス・エコノミーの展開』御茶の水書房：167-182）.

東北開発研究センター（1987）：『東北地方における産業構造の転換と第三次産業のあり方に関する調査』東北開発研究センター.

東北電力・東北開発研究センター（1992）：『東北地域における産業支援型サービス業の実態と今後の方向に関する調査研究報告書』東北電力・東北開発研究センター.

富田和暁（1977）：名古屋大都市圏における小売業・サービス業の立地動向,『地理学評論』52：559-577.

友澤和夫（1989）：わが国周辺地域における「非自立的産業」の展開と地域労働市場の構造——熊本県天草地方を事例として——」『経済地理学年報』35：201-220.

友澤和夫（2002）：学習・知識とクラスター,（所収 山崎 朗編『クラスター戦略』有斐閣：31-52）.

長井偉訓（1996）：情報サービス産業における「90年代不況」とソフトウェア技術者の雇用問題,愛媛経済論集15-2：69-104.

中島 清（1986）：統計からみた神奈川県情報サービス業の特質,『経済と貿易』143：104-169.

日本経営史研究所編（1988）：『日本アイ・ビー・エム50年史』日本アイ・ビー・エム.

日本電信電話㈱編（1997a）：『タウンページ・宮城県仙台北版（'97.9-'98.8)』日本電信電話㈱.

日本電信電話㈱編（1997b）：『タウンページ・宮城県仙台南版（'97.9-'98.8)』日本電信電話㈱.

日本電信電話㈱編（1998）：『タウンページ・広島県三次市・庄原市地方（'98.9-'99.8)』日本電信電話㈱.

根津文夫・谷江武士（1997）：『NEC・日本IBM』大月書店.

半田正樹（1996）：日本型流通システムの変容——デジタルネットワークと流通——,（所収 伊藤 誠・岡本義行編著『情報革命と市場経済システム』富士通経営研修所：261-290）.

日野正輝（1993）：東北地方における企業の支店配置と都市の階層性,『地理科学』48：50-59.

日野正輝（1996）：『都市発展と支店立地——都市の拠点性——』古今書院.

福田義孝（1991）：就業・雇用構造からみた経済サービス化（所収 中野 安・明石芳彦『経済サービス化と産業展開』東京大学出版会：33-75.

藤川昇悟（1999）：現代資本主義における空間集積に関する一考察,『経済地理学年報』45：21-39.

藤川昇悟（2002）：ローカリゼーション——集積論の新しい潮流——,（所収 松原宏編

著『立地論入門』古今書院：86-97).
藤田昌久・久武昌人 (1999)：日本と東アジアにおける地域経済システムの変容――新しい空間経済学の視点からの分析――,『通産研究レビュー』13：40-101.
藤田昌久・クルーグマン，P.・ベナブルズ，A. J. 著, 小出博之訳 (2000)『空間経済学――都市・地域・国際貿易の新しい分析――』東洋経済新報社. Fujita, M., Krugman, P. and Venables, A. J. (1999): *The spatial economy : cities, regions, and international trade*, Cambridge (Massachusetts): MIT Press.
藤丸順子 (2000)：福岡都市部におけるインターネット産業の集積――百万都市に集積したものは何か――,『産業立地』39-6：35-38.
フュックス, V. R. 著, 江見康一訳 (1974)：『サービスの経済学』日本経済新聞社. Fuchs, V. R. (1968): *The service economy*, New York: National Bureau of Economic Research.
平和経済計画会議 (1985)：『地域におけるソフト産業成立の可能性とその問題点』機械振興協会経済研究所.
ペティ，W. 著, 大内兵衛・松川七郎訳 (1955)：『政治算術』岩波文庫. Petty, W. (1690): *Political Arithmetick*, London: Printed for Robert Clavel.
ポーター，M. 著, 土岐 坤・中辻萬治・小野寺武夫訳 (1989)：『グローバル企業の競争戦略』ダイヤモンド社. Porter, M. ed. (1986): Competition In Global Industries, Boston: Harvard Business School Presso.
ポーター，M. 著, 土岐 坤・中辻萬治・服部照夫訳 (1995)：『新訂 競争の戦略』ダイヤモンド社. Porter, M. (1980): *Competitive Strategy*, New York: Free Press.
北海道情報産業史編集委員会編 (1998)：『サッポロバレーの誕生』イエローページ.
松原 宏 (1999)：集積論の系譜と「新産業集積」,『東京大学人文地理学研究』13：83-100.
宮城県中小企業情報センター (1991)：『ソフトウェアライブラリー』宮城県中小企業情報センター.
山本欣子 (1988)：『ソフトウェアの知識』日本経済新聞社.
矢田俊文 (1988a)：サービス産業の分布と所得の地域移動・地域格差, (所収 千葉立也・藤田直晴・矢田俊文・山本健兒編著『所得・資金の地域構造』大明堂：84-98).
矢田俊文 (1988b)：本社と生産機能との間の所得の地域移動について, (所収 千葉立也・藤田直晴・矢田俊文・山本健兒編著『所得・資金の地域構造』大明堂：81-83).
柳井雅人編著 (2004)：『経済空間論――立地システムと地域経済――』原書房.
吉田 宏 (1975)：郡山における支所の集積と機能について,『東北地理』27：1～19.
ローソン, B. 著, 横川信治・野口 真・植村博恭訳 (1994)：『構造変化と資本主義経済の調整』学文社.

Marshall, J. N. (1988): *Services and uneven development*. London :Routledge.
Marshall, J. N. (1989a): "Corporate reorganization and the geography of services: Evidence from the motor vehicle aftermarket in the West Midlands region of the UK", *Regional Studies*, 23: 139-150.

あとがき

　本書は，明治大学に提出した博士学位論文をもとに，レビュー部分を省いたほか，大幅な修正を加えたものである。実証部分は既に公表された単著論文を再構成した部分が多い。大幅な修正により必ずしも一致しない場合もあるが，以下に各章と関係する論文との対応関係を記しておく。

第2章　加藤幸治（2000）：日本におけるサービス経済化の地域的展開とその現状——統計分析からのアプローチ——，『広島大学文学部紀要』60：139-161.
　　　　加藤幸治（1997）：事業所サービス業の配置からみた都市階層構造の再編——東北地域を事例として——，『地理科学』52：222-237.
第3章　加藤幸治（1999）：地方都市における「サービス経済化」——広島県三次市の事例を中心に——，『広島大学文学部紀要』59：80-99.
　　　　加藤幸治（2001）：サービス経済化と地方都市圏，『地理科学』56：159-168.
第4章　加藤幸治（1993）：仙台市におけるソフトウェア産業の展開，『経済地理学年報』39：318-339.
第5章　加藤幸治（1998）：「90年代不況」下における情報サービス業の地域的展開——東京での再集積と地方都市での縮小——，『広島大学文学部紀要』58：97-115.
　　　　加藤幸治（2005）：仙台市の情報サービス業における「地元企業」，『人文学会紀要』（国士舘大学）37：175-186.
第6章　加藤幸治（2005）：IT企業グループにおける企業戦略とサービス関連子会社の展開・再編——A社グループを事例として——，『経済地理学年報』51：225-241.

第7章　加藤幸治（1996）：情報サービスの地域的循環とその東京一極集中——東北地域を事例として——，『地理学評論』69A：102-125.

　本書，またそのもとになった博士論文は，様々な人との出会いと支えがあればこそ，まとめえたものである．まず何よりも，逐一お名前をあげることはできないが，資料収集，現地調査でお世話になった関係諸機関，情報サービス企業，その他の現地の方々の協力がなければ，研究そのものが成り立たなかった．まずこれらの方々に御礼申し上げたい．
　次いで，大学院在籍時から一貫してご指導いただいた松橋公治先生をはじめとする明治大学文学部地理学教室の諸先生に心より感謝したい．松橋公治先生には，博士論文をまとめるにあたっても一方ならぬお世話になった．先生との出会いと先生からの叱咤激励がなければ，筆者は本書はおろか，修士論文さえ書くことすらままならず，現在のような職を得ることはありえなかったと常に感謝している．また大学院在籍時には石井素介先生，長岡　顯先生にも指導教授としてお世話になった．
　明治大学大学院での諸先輩との出会いも筆者が研究者となる上で貴重なものであった．澤口晋一（新潟国際情報大学），長谷川裕彦（明治大学・非），末吉健治（福島大学）の3氏には研究に対する心構えを教わり，それが今にも生きている．特に末吉健治氏からは同分野の先輩として多大なる影響を受けているだけでなく，博士論文の作成にあたってもご助言・ご援助いただいた．博士論文の作成にあたっては後輩である大澤勝文氏（釧路公立大学）に資料整理の労を割いてもらい，大澤馨里（明治大学・非），飯嶋曜子（獨協大学），清水孝治（明治大学・非）の3氏にも最終段階での協力をいただいた．
　明治大学大学院への進学を勧めてくれたのが，学生時代にご指導いただいた横浜市立大学の柾　幸雄先生，故・小林孝一先生であり，両先生には何も知らない学生であった筆者を温かい目で指導いただいた．両先生の存在と影響，ならびに中島　清先生（当時経済研究所）にご指導・ご鞭撻いただいたことがあればこそ，経済地理学の道を歩むことになったものと自覚し，感謝している．

小林先生に本書を直接見せることができなかったのは，筆者の怠慢であるがゆえにやや悔やまれる点である。

　最初の職を得た広島大学文学部地理学教室での森川　洋先生，岡橋秀典先生，友澤和夫先生をはじめとする諸先生，院生諸氏との出会いからも多くのことを学ばせていただいた。横浜で育ってきた筆者にとって西日本での生活は地理学者としての視野を広げる上での貴重な体験であった。また広島大学では他学部の地理関連教員との交流も多く，学ぶ点も多かった。特にフンク・カロリン先生には博士論文のドイツ語要旨の作成にあたって全面的な協力をいただいた。地理科学学会における関係もあり，広島大学時代にお世話になった先生方，ともに学び・議論した院生諸兄の名前はあげきれない。ありきたりな言い方になってしまうが，その出会いと交流はまさに今の財産となっている。

　さらに現職場の国士舘大学文学部地理学教室の諸先生方には自由な雰囲気の研究活動の場を与えていただいている。

　また，ここにはあげていない経済地理学会の諸先生にも日頃よりお世話になるとともに，学問的刺激を常にいただいている。なかでも加藤和暢先生（釧路公立大学）には本書に関する具体的ご助言等をいただいた。

　本書はこれらの方々との出会いと支えによってこそ成り立っていることを感謝し，あらためて御礼申し上げたい。

　最後に，私事にわたるが，本書をまとめえたのも妻・和美の日頃の支えがあるからこそである。そして，筆者が曲がりなりにも研究者としていられるのは，必ずしも裕福とはいえない家庭でありながら，筆者を大学・大学院まで進学させてくれた両親のおかげである。自らの進学に関する痛惜の念を子供には味わわすまいとして助力してくれた母・英子と，いつまでも親のスネを囓り続けていた息子を許してくれた父・和作に，ここで感謝を述べたい。

　本書の出版にあたっては，平成22年度国士舘大学出版助成を受けた。

【著者略歴】

加藤幸治（かとう・こうじ）
　国士舘大学文学部地理・環境専攻 准教授。
　1969年生まれ。横浜市出身。横浜市立大学文理学部卒。明治大学大学院文学研究科地理学専攻博士前期課程修了，博士後期課程退学。広島大学文学部助手，国士舘大学文学部専任講師，助教授をへて，現職に至る。博士（地理学）。専門は経済地理学。

サービス経済化時代の地域構造

2011年2月10日	第1刷発行	定価（本体3400円＋税）	
	著　者	加　藤　幸　治	
	発行者	栗　原　哲　也	

発行所　株式会社　日本経済評論社
〒101-0051　東京都千代田区神田神保町3-2
電話　03-3230-1661　FAX　03-3265-2993
E-mail：info8188@nikkeihyo.co.jp
URL：http://www.nikkeihyo.co.jp/
装幀＊渡辺美知子　　印刷＊藤原印刷・製本＊高地製本所

乱丁落丁本はお取替えいたします。　　　　　Printed in Japan
Ⓒ KATO Koji 2011　　　　　　　ISBN978-4-8188-2152-1
・本書の複製権・翻訳権・上映権・譲渡権・公衆送信権（送信可能化権を含む）は，
　㈳日本経済評論社が保有します。
・JCOPY〈㈳出版者著作権管理機構　委託出版物〉
本書の無断複写は著作権法上での例外を除き禁じられています。複写される場合は，そのつど事前に，㈳出版者著作権管理機構（電話 03-3513-6969，FAX 03-3513-6979，e-mail: info@jcopy.or.jp）の許諾を得てください。

経済地理学会編
経済地理学の成果と課題 第Ⅳ集
A5判　三四〇〇円

ローカル/リージョナルな世界に焦点をあてつつも国を超える広がりを持つ経済空間の問題までを扱う経済地理学が二一世紀初頭に生み出した約一八〇〇編の研究成果を展望。

野崎道哉著
地域経済と産業振興
―岩手モデルの実証的研究―
A5判　四〇〇〇円

花巻市や北上市、宮古市など岩手県の地方自治体による地域産業政策の現状と課題について定性的定量的に分析し、自治体が直面する地域産業政策の諸課題に対する分析視角を提示する。

三木理史著
都市交通の成立
A5判　六二〇〇円

近代都市の発展に伴い、都市域は膨張し、旅客輸送の大量化や物流の変化が生じた。大阪市とその周辺を事例に、都市交通問題の解決への視覚や論点を歴史的視点から再考する。

橘川武郎・篠﨑恵美子著
地域再生あなたが主役だ
―農商工連携と雇用創出―
四六判　二〇〇〇円

りんご、小麦、びわ産地のネットワーク形成や釜石の事例など各地の取り組みに光を当て、農商工連携と雇用創出の「仕組み」づくりを明らかにする。地域再生の主役はあなただ。

鈴木秀幸著
大学史および大学史活動の研究
四六版　三三〇〇円

明治大学百年史の編纂、大学史資料センターの開設・運営、いくつかの自治体史などに関わった経験から「頭」だけでなく「足」を使って現地に赴くという、生きた大学史を提唱。

(価格は税抜)　日本経済評論社